人間福祉スーパービジョン研究

3

聖学院大学人間福祉スーパービジョンセンター 編

対等な"かかわり" そして"ピアサポート"へ

柏木　昭
相川章子
牛津信忠

聖学院大学出版会

目　　次

はじめに　　助川征雄　7

第一部　講演と対談
　　ソーシャルワークにおける「対等」とはなにか？
　　──"かかわり"から"ピア"へ

　開会のご挨拶　　牛津信忠　11

第Ⅰ章　ソーシャルワーク"かかわり"の思想　　柏木　昭

　はじめに　13
　対等性の追究　14
　ワーカー‐クライエント関係　17
　"かかわり"の未来像　26

第Ⅱ章　ソーシャルワークにおける「対等」とはなにか？
　　　　──"かかわり"から"ピア"へ　　相川章子

　はじめに　27
　「ピアサポート」の魅力とは？　29
　ピアサポートから考える「対等」とは？　30
　"かかわり"から"つながり"へ、
　　"つながり"から"協働"へ　39

目　次

第Ⅲ章　対談・質疑応答　　　　　（柏木　昭×相川章子×参加者）

　　自己決定：当たり前ではなかった　43
　　権力性（パワー）について　44
　　感謝の交換と大事な「間〈ま〉」　49
　　自分はいったいどういう立ち位置なのか　50
　　相互主体的な関係を築くときに心がけること　51
　　クライエントの苦しみから逃げない「協働」とは？　53

【第一部参考文献】　57

第二部　対等性の再認識から人間福祉へ進むために

第Ⅳ章　対等性をめぐって
　　──柏木ソーシャルワーク論とピアサポートの交差
　　　　　　　　　　　　　　　　　　　　　　　　相川章子

　　はじめに　61
　　1. ピアサポートとは　62
　　2. ピアサポートのさまざまなカタチ　67
　　3. ピアサポートのはじまりと展開　69
　　4. ピアサポートの不思議な力　71
　　5.「対等性」をめぐって　78
　　【資料】
　　「かかわり論」の真髄を探る（柏木　昭）　88

第Ⅴ章 "対等な関わり""ピアサポート"へ
——その概論としての小さな試み　　牛津信忠

1. 対象性ということについて　　91
2. 「物化的対象化」に内在する自己中心性　　92
3. シェーラーの人格論に添って考える　　94
4. 具体的事象の中で考える　　95
5. その人の軸的存立に添って歩んで行く　　100
6. 洞窟から出て明るみの中でものを見る　　102
7. 科学と哲学そして宗教的領域：
   細かく分析的に、しかし全体を見渡して考える　　103
8. 相互的人格主義の具体としての
   ピアサポート実践について　　111

あとがき　　相川章子　　117
著者紹介　　118

はじめに

　聖学院大学総合研究所人間福祉研究ソーシャルワーク研究会の2019年度「第1回ソーシャルワーク研究講演会」（2020年2月15日）は、「ソーシャルワークにおける「対等とは何か──"かかわり"から"ピア"へ」と題し、柏木昭先生と相川章子先生にご講演いただきました。本書は、その研究会をもとに、「ソーシャルワークにおける『対人支援』の新たな展開とその要点」についてまとめたものです。

　講演会の中で、牛津信忠先生から、「柏木先生と相川先生の対話は歴史的な時間だったと思います。特に『ピアサポーター』の登場は、ああ、そういう時代になったなと、いろいろな思いが湧きました」というお話がありました。柏木先生は「対人支援とは、"かかわり"である」と、また、相川先生は「ピアサポートが切り開く新たな時代」というお話でした。

1　講話の要点

　柏木昭先生（聖学院大学名誉教授）は、戦後、アメリカのボストン大学でソーシャルワークを学び、帰国後、旧国立精神衛生研究所に勤務。精神医学ソーシャルワーカー（現精神保健福祉士＝MHSW）養成、同協会の創設・発展、および、スーパービジョンの普及に尽力されました。

　柏木先生の講話の要点は、「かかわり」を重視することです。具体的には、支援者とクライエントの信頼関係形成をベースに、自己決定を尊重すること・時熟（信頼の深化と課題解決）・人と状況の全体性への着目・実践の場（トポス）を確保すること等です[1]。相川先生は、柏木先生の愛弟子で、「またたびの家（魚沼市）」での実践を起点とし、現在は聖学院大学心理福祉学科教授であり、「ピアサポートの実践・研究者」として内外に知られています。本書の出版にあたりお話をうかがったところ、「ピアサポートは『仲間同士の支え合いの営みのすべて』であり、『支援する』という言葉を使わないようにしています。アメリカでは『リカバリーを一緒にする』という言葉を用いていることが印象に残っています」とのことでした。

はじめに

2　ピアサポーター／ピアスタッフ発展の道のり

　ピアサポーター／ピアスタッフは、アメリカにおいては1980年代から、日本においては1990年代から登場しはじめ、2021年度には「障害者加算を含む福祉事業」として制度化され、別の動きとして「日本ピアスタッフ協会」も設立されました。その後の「日本におけるピアサポート発展の道のり」は、さまざまな、内外の実践と理念を紡ぐ道のりでした。その経過は、相川先生の学術論文[2]に詳述されていますが、さらに、私が重視している2つの「実践論」を付け加えます。

（1）　ストレングス（強み）モデル

　アメリカ・カンザス大学のC．ラップ等が提唱した実践モデル。当事者自身が、自らの回復や生き直しの経験知（強み）を応用して、困難を抱える当事者を支えるものです。1980年代、未来学者であるA．トフラーは彼らを「プロシューマー」と名づけ、「近未来に、彼らが新たなサービスを担う存在になる」と予見しました。

（2）　コ・プロダクション

　アメリカの公民権運動を起点とする「リカバリー論」をベースに、イギリスでは「コ・プロダクション」という実践と理念が紡がれました。その政策文書（コ・プロダクション）では、「困難を抱える当事者は、支援のための社会資源そのものである」と記されています。

1）　柏木昭、佐々木敏明、荒田寛『ソーシャルワーク協働の思想——"クリネー"から"トポス"へ』へるす出版、2010年。

2）　相川章子「ピアサポート／ピアスタッフの歴史的展開と発展可能性」『精神障害とリハビリテーション』26（2）、日本精神障害者リハビリテーション学会、2022年。

聖学院大学人間福祉スーパービジョンセンター・スーパーバイザー
聖学院大学名誉教授　　助川　征雄

第一部

講演と対談

　ソーシャルワークにおける「対等」とはなにか？
　──"かかわり"から"ピア"へ

開会のご挨拶

牛津　信忠

　私は聖学院大学人間福祉スーパービジョンセンター委員の一人であります牛津と申します。本日はこうしてお集まりいただきまして、本当にありがとうございます。福祉の実質を極めていきたいという心の奥底の思いを、私たちはひしひしと感じさせていただいて、とても嬉しく存じております。

　今日お話しいただく柏木先生は、聖学院大学の名誉教授であるとともに、「日本精神保健福祉士協会」の名誉会長です。この協会の発足当初から会を支えてこられ、堅固なものとして確立されてきたということは、皆さん、私以上にご承知おきいただいていると思います。さらに相川章子先生は、聖学院大学心理福祉学部の教授でいらして、聖学院大学人間福祉スーパービジョンセンター長、人間福祉研究・ソーシャルワーク研究会の代表でもあります。このように大学の教育・研究とともに、実践の中にも身を置いて、学的なところにそれを生かし、学びをさらに実践に活かしていく、そのような努力をしておられる方です。

　ご講演の後、オーソリティーである柏木先生と、実践と学的な研究をつなごうとする相川先生、このお二人に対談形式によってお話ししていただくことになっております。実践の中でどのような議論が、さらにはどのような実践の方法が存在するのか、これをしっかり見極めさせていただけるものと期待いたしております。今回は「対等とは何か？」という視点でお話を伺い、さらに対談によりそれを深めていただけることになっております。

　よく、ワーカー‐クライエント関係という言葉を使いますけれども、ワーカーとクライエントの間、その間柄の中に「対等」という視点をしっかりと位置づけて考えていきたいということだと思います。

　"かかわり"の中で「対等」とはどう位置づけられるのか。クライエントという言葉は、語源的には「従う人」あるいは「命令を求める人」などという意

味を持ち、それから依頼人、相談する人であるとか、顧客などという意味に派生していきます。このような意味合いから何らかの対象性のもとにある人という意味をくみ取っていくことができるでしょう。私どもは物事の判断に際し、「物化的対象化」とよく言いますが、「物化的対象化」——クライエントの方、問題を抱え生活のしづらさに直面していらっしゃる方のさまざまな状況ないし人に対してもののように関わり、それを操作し、そこから離脱させようとする——まさにさせようとするという視点が、どうしても専門領域に従事する私たちそれぞれの中において、心の中をよぎってしまうことがあるんですね。そういうことを乗り越え乗り越えて、本当に人の存在の価値というあり方に立って、人間の存在価値の平等性、そして存在価値あるがゆえに価値発揮する力があるということを信じつつ、"かかわり"を持っていく。そういうあり方を「存在参与」と申します。存在にそれぞれが参与しあって生きてゆくというあり方を、このお二人のお話の中にくみ取っていくことができれば、本当に実り豊かな時間になるであろうと思います。

　どうか今日、素晴らしき実りを心の中にしっかりと位置づけていただくことができますように、お祈りいたしております。

第 I 章

ソーシャルワーク"かかわり"の思想

柏木　昭

はじめに

　この後の相川先生との対談の資料となればと思い、まず、「ソーシャルワーク"かかわり"の思想」というテーマについて述べさせていただきます。

　"かかわり"ということをなぜ私が強調するかと言いますと、実際的な場面でクライエントと向き合う場合、自分の雇われているいろいろな立場であるとか、あるいはさまざまな法的な制約であるとか、ルールがあって、私どもはそれに従ってやらなければならない。自分の都合というものとクライエントの思いと、それが葛藤する場面が実は多いのではないのかと思います。そういうところで、同じスピードで、相手方、クライエントと私とが事柄を推し進めていくようなことができる関係、これが"かかわり"だと思うんです。こちら側の私どもの都合でクライエントに、「これこれこういうことが決まっていますから、あなたやってくださいね」ではない、というのが、「ソーシャルワークの"かかわり"の思想」です。とにかく一緒に進めるということを私は"かかわり"と言っております。

　今回はその思想的な根拠というものを皆さまと一緒に考えてみたいと思っております。

　開会のご挨拶で、牛津先生から「対等」という言葉のお話がありました。それ以上付け加えることもないと思うくらいにご説明いただきましたけれども、一応、私自身がどういうふうに考えているかということを、ちょっとここでお話ししておきたいと思います。

第 1 章　ソーシャルワーク "かかわり" の思想

対等性の追究

　図1の「対等性の追究」。やはりこれは、クライエントと一対一、あるいは一対一グループという場合もあるかもしれませんが、とにかく直に"向き合う"ということが大事なのではないかと思います。しかし私は、ソーシャルワーカーとして、治療チームの一員ではない。「あなたは治療を受ける人だから、これこれこういうことを守ってくださいね」、「あなた昨日、薬ちゃんと飲みましたか」というような会話は、私はしておりませんし、あまり好ましい会話ではないと思っております。だからまず、「自分は治療チームの一員ではないことを闡明する」。闡明という難しい字を書きましたが、これは、はっきり表すということです。特に地域の事業所などでは、「なんか今日具合どう？」なんていう挨拶をしたりして一日が始まる、二人の関係が始まることがあります。あまり好ましい言葉づかいではない治療チームの一員としての言葉づかいがありますので、それをあまり使わないような配慮がやはり大事になってくるのではないかと思います。

　地域の事業所では治療チームの一員ではないということは言いやすいわけですが、医療機関ですと、「身分は医院の一員でも、関係性においては医療チームからの離脱を志すという矛盾の克服が迫られている」ということがあります。それで、ソーシャルワーカーは葛藤を覚えるということがよくあります。よくクライエントの言葉を聞いて、そしてそれに応えることによってクライエントがだんだん自由になっていく。そういう状況の中で、医院のあるいは医師の指示どおりの生活、薬を飲むことも含めて、自分の身を持する上で、第一の準拠になるわけです。時には、クライエントが、「柏木さん。この薬、これ飲むとね、眠くなっちゃって午後からもうほとんど仕事できなくなっちゃうんだから困ってんだよ」と言ってくる場合がありますが、「いや、それはきちんと先生は飲めとおっしゃったんだから飲まなきゃ駄目ですよ」というような応答を私はしません。「じゃあ今度、僕と一緒に先生のところへ行って、僕の考えも入

> **対等性の追究**
> ・クライエントと直に向き合う
> ・自分は治療チームの一員ではないことを闡明(せんめい)する(地域事業所)
> ・身分は医院の一員でも、関係性においては**医療チームからの離脱を志す**という矛盾の克服が迫られている

図1

れて相談しましょうよ」と、一札入れる、クライエントに提案すること、自分の意思をはっきり伝えることが大事なのではないかと思います。

「いやそれはもう先生が言うことだから、飲まないと駄目だよ」ということで切ってしまわない。やはりそれをどうやって解消、解決していくか。その問題を、クライエントが抱えている問題をどうやって解消していくかというと、一緒にやってみる。先生は何とおっしゃるか。先生だって、そんなにかたくなに「飲まなきゃ駄目じゃないか」って、言い通すかどうかわからないわけですよね。「それじゃその時にはこの薬を飲まなくてもいいですよ」とか、あるいは薬の作用などをきちんと説明していただく機会がそこでできるわけですよね。普通はそういう説明なしに与えられた処方の薬を、飲めって言われた順々に飲むというのが、それが普通の患者さんのあり方だと思います。けれども、やはり、なぜこの薬を出したか、なぜこの薬が大事なのかというお医者さんの説明を、きちんと伝えることができる、という機会をやはり共有しなければいけないだろうと思います。

「身分は医院の一員でも関係性において医療チームからの離脱を志すという矛盾の克服」。これはちょっと難しいです。医療チームの一員であるから医師の指示を受けてそれに従って、患者さんが療養できるようにするために私たちはいるということは、当然だと思います。けれども、やはり、いま説明したように、それがどうしてそうなっているのかとか、あるいはもっと自由でもいい

第1章　ソーシャルワーク"かかわり"の思想

> **対等性について**
> ・当事者クライエントは被治療者
> ・当方は病院に雇われ、診療報酬による給料を得る治療者側の一員
> ・地域事業所では障害者総合支援法でワーカーとして規定される

図2

んじゃないのかというような思いも持つわけですね。そういう矛盾を感じたときに、葛藤を覚えて動けなくなるのではなくて、先ほど言いましたように、「じゃあ一緒に先生に聞きに行ってみようよ」といった提案をしたり、あるいは、「今日はそれは飲まなくていいけど、じゃあ明日でも明後日でも先生に相談に行きましょうよ」、そういう提案をして一緒に進む。とにかく何でもかんでも医療チームの本当に従順な、チームの一員ということだけで進めてはいけないだろうというふうに思っているわけです。

対等性の追究というところで、いろいろな問題が起こってまいりますけれども、そのつど相手クライエントと一緒に考えていく、対応していくということが大事。これが対等性の追究ということです。医師は絶対性の神ではありません。

図2「対等性について」。当事者クライエントは治療を受ける側です。被治療者と言います。こっちは、病院に雇われて、診療報酬による給料を得る治療者側の一員です。だからやはりそこに葛藤が、2人の間に当然、気持ちの上でも、表立って喧嘩などはしませんけれども、あまりかみ合わないなというときがあると思います。その辺で葛藤がある。その葛藤を自分がどうするかということです。クライエントと相談しながら自分の思いをちゃんと相手に伝えて、これからどうするか考えます。

それから、地域の事業所などでは、障害者総合支援法などによってこちらも給料が出ているわけです。ですから、どうしてもその辺で上下の差がついては

> **ワーカー‐クライエント関係**
> ・クライエントは地域で自立して生きようとする**主体的存在**である＝**生活者**
> ・ワーカーはクライエントの支援にあたる**主体的な存在**である
> ・ならば、ワーカーもクライエントも相互主体的な関係維持を心がけているか

図3

ならないというような気づきを、きちんと持たなければならないだろうということです。

　対等性について私が強調するのは、つまり、ソーシャルワークにおける対等性というのは当たり前のことなんですけれども、現実は対等ではないということです。ですから、対等性について私は話したいと思っているわけです。

ワーカー‐クライエント関係

　ここから、対等性を含めたクライエント関係というものについて少しずつ深めてまいりたいと思います。

相互主体的な関係維持

　図3「ワーカー‐クライエント関係」。まず、クライエントはやはり自分で自分の生活を、自分が属している地域社会で生活していきたい、そういう主体的存在なのですね。「クライエントは地域で自立して生きようとする**主体的存在**」、これを私たちは、「**生活者**」と呼んでおります。患者とかあるいは被治療者とか、そういうことじゃなくて、「生活者」としてクライエントを位置づけております。精神科の患者さんが、だいたい私どもの対象ですけれども、そ

第1章 ソーシャルワーク"かかわり"の思想

> **クライエント自己決定の原理**
> ・クライエント自己決定の原理を精神保健福祉の中心理念とし、クライエントとの間に関係性を持つ
> ・この関係性を演者は「かかわり」と呼ぶ

図4

うではない一般診療科の患者さんでも同じようなことが言えると思います。

2番目は、「ワーカーはクライエントの支援にあたる**主体的な存在**」。クライエントは生活者としての主体性を持っている。私たちはもっぱら支援にあたる主体として、いろいろな情報を集めることとか、あるいは"かかわり"を進めていく技術であるとか、そういう技法を持っている存在、主体的な存在です。けれども、やはり相手も主体的な存在であり、こちらも主体的な存在であるとすれば、お互いの主体性を認め合っていかなければ、ワーカー - クライエント関係は成立しないであろうと思います。もしそうであれば、「ワーカーもクライエントも相互主体的な関係維持を心がけて」いかなければならないだろうということになると思います。

クライエント自己決定の原理

そこで出てくるのは、図4「クライエント自己決定の原理」。これは私がこの業界に入って、もう何十年前か、私の提案なんです。私は国立精神衛生研究所というところに属しておりました。その頃、「クライエント自己決定の原理」を基盤として進めていこうという思いに至らせてもらいました。それは、デイケアのメンバーたちに私は負うところが非常に大きかったわけです。「クライエント自己決定の原理を精神保健福祉の中心理念とし、クライエントとの間に関係を持つ」ということ。だから"かかわり"といっても、クライエント

クライエント自己決定について の誤解	クライエントとの対話
・静態的自己決定論：生得的な（生まれながらの）権利論としてとらえる ・これは一種の誤解	・力動的自己決定論 ・「対話」において、かかわりが熟成し、クライエント自己決定結実の、ちょうどよい時、"カイロス"が来る
図5	図6

の自己決定の原理というものを私は基盤に関係を持つこと、それを私の仕事としてきたわけです。「この関係性を私は"かかわり"と呼ぶ」ということであります。

　図5「クライエント自己決定についての誤解」についてです。静態的自己決定論というのがありますが、とにかく生まれながらにそういう権利を持っている、自己決定する権利を持っている、というのが一つの誤解なんですね。

　私は、クライエントの自己決定というのは、やはり私とそのクライエントとの間の"かかわり"の中で、だんだん"かかわり"が醸成する、熟成してくる、その中で初めて可能になるのが自己決定だというふうに考えているわけです。

　図6「クライエントとの対話」というのは、これは言い換えますと、力動的自己決定の取り交わしなんですね。対話において"かかわり"が熟成し、クライエント自己決定結実のちょうどよい時が来ます。この「ちょうどよい時」が来るというのは、ギリシャ語なんですけれど、図7にありますが、「カイロス（ちょうどよいタイミング）」というのが来るわけです。カイロスというのは、「ちょうどよい時」なんです。それと対照的な言葉に、「クロノス」があります。今何時何分ですかというのは、これはクロノス的時間ですね。そうじゃなくて二人の気持ちがピタッと合った時。「何かこの人が動きだすかな。あ、こちらも動きだせるな」。そういう気持ちが一致しながら、そこで"かかわり"が醸成して、クライエントが自己決定できる、こちらも自己決定ができる、そういう時が来た。これがカイロスの時間ですね。

第 1 章 ソーシャルワーク"かかわり"の思想

```
┌─────────────────────────┐
│        カイロス          │
│・かかわりが熟成する時がやってくる│
│（カイロスちょうどよいタイミング）│
│・「今何時」とか「次のバスは何時」│
│ というときはクロノス的時間    │
│・かかわりの終結はカイロスで    │
└─────────────────────────┘
           図7
```

```
┌─────────────────────────┐
│     人と状況の全体性－1    │
│・精神障害の原因（精神医学）    │
│ 身体因性（内因性・外因性）    │
│ 心因性                  │
│・ソーシャルワーカーの疑念     │
│・障害・病気を当事者自身の遺伝、体│
│ 質等のみに原因があると断定しない│
└─────────────────────────┘
           図8
```

人と状況との全体性

　図8「人と状況の全体性」ですが、まずアセスメントということがあります。アセスメントというのは昔、心理社会診断などと言いました。私が若い頃学んだソーシャルケースワークの理論の中で、「人と状況との全体性」を医学モデルになぞらえて心理社会診断などという言葉で呼んでおりました。私は、「人と状況の全体性」と言い直してみております。

　精神医学の教科書などを見ますと、精神障害の原因として、内因性・外因性、それから心因性とあります。ソーシャルワーカーの理念としては、そういう個体としての原因論ではなくて、「障害・病気を当事者自身の遺伝・体質等のみに原因があるというふうに断定しない」でいきたい、というような気持ちがあったわけですね。そういう理念を持って、やはり精神科のお医者さんと相談しながら、「僕はこう思うんですけど」ということを言えるようなワーカーに育っていってほしいと思います。

　図9。この「人と状況の全体性」をもう少し続けます。障害とか病気は当事者本人をめぐる状況の中で形成されることが少なくないですね。状況というのは、「家族、学校、医療現場等、また社会通念」というのがあります。そういうようなもので動かされて、当事者が「僕はやっぱり駄目なんだ」というような自己結論に陥ることが少なくないだろうと思います。

> **人と状況の全体性－2**
> ・障害、病気は当事者本人をめぐる状況の中で形成されることが少なくない
> ・状況：家族、学校、医療現場等、また社会通念

図9

　自分の経験なんですけれど、昨日私は運転免許の更新に行って、視力検査をやったんですね。その視力検査で、丸い形の片側がちょっと欠けていて、その欠けてる場所、右とか上とか下とかって言うわけですよね。私はね、このメガネをかけて見えるだろうと思ってたら、全く見えないんですよ。相手の試験官に、「君不合格になるよっ」て言われたときもあったんですけれど、とにかく人様の3倍ぐらい時間がかかりました。私の次に来た女性なんかもう一発か二発でさっと次のプロセスに移ってしまいましたが、私は数分間かかってやっと通してもらったというような状況でした。

　私は劣等感に陥りましたね。その劣等感って、本当に「自分は劣ってるんだな」というそういう気持ち。「視力が劣ってて免許の更新もできないで、これはもう俺は駄目なんだ」っていう、そういう気持ちで、その後、1日ずっと憂鬱でした。

　それで何とか免許証はくれたものの、その気持ちの沈み方っていうのは本当に大きい。夜も寝られないんですよね。「私駄目なんじゃないか。お情けで免許証を更新してくれたけど、ああ本当に自分はもう劣ってるな」と、そういう気持ちにさいなまれて、なかなか寝つけませんでした。

　だから私は患者さんの気持ちが本当によくわかりますね。いろいろ話し合っていると、「わかったよ。その辺で僕が引っかかってたんだ」なんてことを言ってくれて。その後すっきりしてるんじゃないかと思うと、そうでもなくて、やっぱり鬱々とした顔で「俺やっぱり駄目だよな」って、ずっとそういう訴え

第Ⅰ章　ソーシャルワーク"かかわり"の思想

> **個を大切にする**
> ・かくして、ワーカーはクライエントの背負う課題に対して、状況の影響を重視する
> ・しかし実践においては、徹頭徹尾クライエントを**個**として大事に扱う
> ・相手クライエントを一個の**人格**として尊重する

図10

をなかなか取り下げてくれない。そういう状況に何度も出会っております。

　私自身が昨日そういう状況であって、「もっとこういうことで、悩んでることだってあるんだな。俺だってそうだよ」という、そんな感じで患者さんの気持ちがよくわかったということがありました。それが実は昨日のことでした。

　今日になったらもうすっかりそれ忘れておりましてね。一晩寝たら忘れちゃって。今自分の劣等感で自分をさいなむということはありませんけども。そういう状況で毎日毎日を過ごさざるをえない患者さんがいるんだということを私は認識いたしました。

　そういうように、「人と状況の全体性」の中で、「障害、病気は当事者本人をめぐる状況の中で形成されることが少なくない」。昨日の経験で、本当にそうだなと思いました。

個を大切にする

　そこで私は、ソーシャルワーカーとして何をどうするかということを考えたわけです。図10。人の個人性、「個を大切にする」。それを一つのモットーとして、生涯仕事の中で大事にしていこうと思っております。

　「ワーカーはクライエントの背負う課題に対して、状況の影響を重視する」。

> **ワーカーの自己開示**
> ・クライエントとの間で**対話**ができているかの点検、反省
> ・ワーカーは「これは言わなければならない、尋ねなければならない」と思う時、語りかけて、きちんとクライエントに自分の意思を伝えるべき
> ・これが**自己開示**

図11

「しかし**実践**においては、徹頭徹尾クライエントを**個**として大事に扱う」。つまり「相手クライエントを一個の**人格として尊重**する」という、これを私の至上の理念として、接しようと思っております。「相手クライエントを一個の人格として尊重する」という、こういう目的のために「個を大切にする」ということが必要だと思っております。

ワーカーの自己開示

　以下、私自身の問題でありますけれども、図11「ワーカーの自己開示」というのがあります。ワーカーは「クライエントとの間で対話ができているか、それを点検し、反省」していかなければならない。その中で、「あ、あのこと言わなきゃいけなかったかな」、「こういうことを言うべきだな」、「こういうことを聞くべきだ」というような気づきがある場合がずいぶんあります。これは言わなければならない、当然尋ねなければならないと、そういうことを思うときに、やはり語りかけて、きちんとクライエントに自分の意思を伝えることができているかどうかということ、これがやはり反省点の一つであります。

　相手に伝えるんですから、伝わるように言葉遣いを丁寧に、あるいは、この"かかわり"を大事するようなそういう伝え方というのがあるはずですね。

第1章　ソーシャルワーク "かかわり" の思想

相手クライエントに自分の意思を伝える。「○○さん僕はずっとあなたと話し合ってきました。ここにいくつか、二つか三つ。ここで思いがあってあなたに伝えなきゃなんないと思うことがあるんですが。そういう話し合いに入ってよろしいですかね」。これは、「あなたこうしなきゃ駄目ですよ」というような言い方で終わらすわけにいかない "かかわり" があるからなんですね。そこが医師の指示とずいぶん違うところだと思います。

やはり、「実は私は、あなたと話し合いながら、この頃とても強く思うようになっているんだけれども。それをあなたにお話ししたいと思うんですけれども」とまず断わって、そして、「お話聞いてると、あなたはやっぱり自分でも困ってらっしゃる。その困ってることに対して自分自身、どんなことをなさってきたのですかね」というような、そういう質問ですね。そういう質問を一つでもやはり相手に聞いていかなきゃならないんだろうと思います。これが**自己開示**なんですね。自分自身の胸の内をきちんと言って、相手に伝えて、相手の問題を一緒に解決する糸口にするということですね。

トポス

図12「トポス」というところに入ります。これはまたギリシャ語なんですけれども。一番下に示されている河合隼雄先生、これは心理学の先生ですね。中村雄二郎先生は哲学者です。『トポスの知』という文庫本を出されております。とても面白い本でありまして、1993年ですから大分昔の本になってきておりますけれども、ここに「トポス」の話が出てまいります。

「トポス」というのは、「地域生活の拠点、"かかわり" における対話を経て、クライエントと共に創出する」と、私はそういうふうに考えています。だから、「こういう事業所があるから来てみなさいよ」っていうことじゃありません。一対一の対話から、「こういう事業所があったらいいんだけどな」というような、そういう思いがクライエントの方から出てくるとしますね。「ああ、それいいですね」って言ったときに、「どうやって作っていったらいいですかね。

ワーカー – クライエント関係

> **トポス**
> ・トポスは地域生活の拠点、「かかわり」における対話を経て、クライエントと共に創出する
> ・クライエントは施設の**開設者利用者**
> ・職員、利用者の伝（つて）で住民を招待。**住民ボランティアを育成する**
>
> （河合・中村，1993：207）

図12

いや僕はわかんないけど。何かある？」て聞かれて、まず「民生委員さんがいるし、この辺で地域の事業所みたいなものを作るとしたらどういうふうにやるかね」。「なんかいっぱいそういう場所を確保しなくちゃいけないし」。という話し合いをだんだんしていく。つまり、一緒につくっていくプロセスというのが大事なんだろうと思います。

「地域生活の拠点、"かかわり"における対話を経て、クライエントと共に創出する」。まだ地域生活の拠点ができていない時期において、クライエントと共にそういう拠点をつくっていく、この拠点が「トポス」というものになっていくのだろうと思います。「クライエントは施設の開設者利用者である」。創設に関わる相棒でありますから、施設の開設者利用者と言ってもよいと思います。「職員、利用者の伝で」、職員、ではないですよ。「職員、利用者の伝で住民を招待」していく。ボランティアでいろいろやってくださる人がたくさんいらっしゃいます。私の杉並区の地域でもいらっしゃいます。ボランティアになってくださることを持ちかけると、「ああそれいいですね。やってみましょう」と。かつて民生委員だった人たちも含めて。あるいは私の事業所では、家族会の会長さんの奥さんとか、それから、YMCAの主事の方。そういう人たちも興味を持ってくださって、今は理事になってもらっております。毎月運営委員会をやって、事業所の仕事を進めています。

> **かかわりの未来像**
>
> ・**対等性**とは何か
> ・**専門性固執からの脱却**
> ・相川はピアの意義を重視し、「ソーシャルワークとピアサポートは同じ地平にある人と人の関係性のことである」と規定する。上下関係ではない
>
> （相川章子、講演「ピアサポート研究から見えてきた
ソーシャルワークへの示唆」（2018/5/19）より）

図13

"かかわり"の未来像

　そこで、図13「"かかわり"の未来像」ということを、ちょっと次につなげていきたいと思っております。「対等性」とは何か、というのはもう話しました。それから「専門性に固執することからの脱却」が大事。
　私の後にお話しいただくと思いますけれども、相川先生が「ピア」の意義を重視して、「ソーシャルワークとピアサポートは同じ地平にある人と人の関係性のことである」、というふうに規定しています。いずれにしてもここでは上下関係ではないよということを、「ピア」のほうからも攻めてきていただいている。私のほうも「対等性」ということで、事柄を明らかにしようと思っている。その辺でつながるかなと思って、ここに挙げました。
　とりあえず私の報告はこのくらいにしておきます。

第Ⅱ章
ソーシャルワークにおける「対等」とはなにか？
――"かかわり"から"ピア"へ

相川　章子

はじめに

　今回のテーマに寄せて、あらためて自己紹介をさせていただければと思います。

　私は柏木昭先生に修士課程でご指導をいただきました、いわゆる弟子です。私は、精神保健に関心を持って大学に行ったのですが、なぜ関心を持ったかというと、今の「ピアサポート」の研究にもつながるのですが、私自身が中学の時に精神科を受診するという経験があって、それが大きなきっかけとなっています。しばらく精神保健福祉士として仕事をする中で、自分の当事者性ということを感じながらも置き去りにしている時間もあったのですが、再び原点に戻ってきました。そこで「ピアサポート」「ピアスタッフ」に出会い、今、研究や活動をしています。

　そのルーツとして、柏木先生との出会いがなければ、おそらく私は「ピアサポート」の研究には至らなかったと思っています。医学部の保健学科というところで、卒業研究のテーマを決めるのも自己決定ではなく、指導教授の研究テーマをお手伝いするようなかたちでした。ですが大学院に入って、まず柏木先生から、「あなたは何をやりたいのですか」と問われまして、今となれば当たり前のことなのかもしれないのですが、4年間医学部文化の中で育った私にとってはカルチャーショックで、大きなゆらぎを感じたということがありました。

　その中で柏木先生のご指導を受けて、図1にあります「かかわり（とこと

第Ⅱ章 ソーシャルワークにおける「対等」とはなにか？

> **ソーシャルワーカーとして大切にしてきたこと**
> ・「かかわり」→「とことん寄り添う」
> ・「自己決定の原理」
> ・「共にある*」→「共に歩む」対等性
> ・「人と状況の全体性」→「地域性」
>
> *（柏木, 2009）

図1

ん寄り添う）」「自己決定の原理」「共にある（共に歩む対等性）」「人と状況の全体性（地域性）」ということは教えていただきながら、現場に出て行きました。現場で先生のおっしゃっていることを実践しようと思ったら、とっても難しいことだということがよくわかりました。「だから、先生は何度もおっしゃってくださっているんだ」と納得したことがあります。

　例えば「自己決定」ということ一つとっても難しい。作業所の現場の中で、午前中しか来られてない利用者が、「そろそろ午後まで作業所で仕事したいな」とおっしゃった。私はご本人主体の自己決定なので、「いいんじゃない」と言ったのですが、その方の相談に日々のっていた他の職員は「いや時期尚早だ」と。「時期尚早だ」って何だろう、この方はいつになったら「ちょうどいい時」になるのだろうか。ご本人がやりたいと思うときは「ちょうどいい時」ではないのだろうか。結局、話し合いの結果、その利用者は午前中のみの利用にとどまることになりました。そのときからずっと思っていることは、ご本人が"したい"ということを他人が、たとえ"支援者"であろうと止める権利ってどこにあるんだろうか、ということでした。おそらくそれは、自分自身の経験からなのだと思います。

　柏木先生と出会ったことが、「ピアスタッフ」や「ピアサポート」研究・活動につながっているということを、今回の柏木先生の講演を通じてあらためて思っています。

「ピアサポート」の魅力とは？

　私は「ピアサポート」の研究をさせていただいているのですが、今日は仲間がいっぱい来てくださっていて心強いです。なぜ、研究を始めたかというと、ピアスタッフの方と一緒に「精神障害者地域生活支援センター」[1]を立ち上げたことがあります。そのピアスタッフの方が元気でそのまま働き続けていたら、私はおそらく今、この研究や活動は行っていなかったと思います。実は、そのピアスタッフの方が元気がなくなって、来れなくなってしまうということがあったのです。そこから、「ピアサポート」・「ピアスタッフ」の研究を始めたということになります。

　今は、研究活動のすべてを「ピアサポーター」や「ピアスタッフ」と一緒にさせていただいているという時間になっています。

　図2にありますように、私は「ピアサポート」を「同様の経験をした仲間同士による対等な関係性の中で生まれる支え合いの営みのすべて」と定義しています（相川、2018）。

　「ピアサポート」に関わるようになったら、本当に不思議なことがたくさん起きるんですね。例えば、あるピアサポート講座では、「この1週間とっても具合が悪かったんだけれども、週末のこの講座をとっても楽しみに何とかここまできた」と、朝は具合が悪くてやっといらっしゃったという方が、すっかり元気になって帰っていかれるということが起きたり、あるピアサポーター養成講座では、最後の振り返りの際に、「今朝は微熱があったんだけど、養成講座を受けたら熱がなくなっちゃいました」なんておっしゃる方もいました。その「場」を体感すると、「ここは今までにない、なんとも居心地のいい場なんだ」とおっしゃいます。つまり、ピアサポートによって、あるいは、ピアサポートで「居心地のいい場」「元気になる場」になっているということだと思います。

　この「ピアサポート」の不思議な力については図3にまとめています。

　先ほどの柏木先生のお話で、「トポス」というお話がありましたが、まさに

第Ⅱ章　ソーシャルワークにおける「対等」とはなにか？

"ピアサポート"とは？

「同様の経験をした仲間同士による対等な関係性の中で生まれる支え合いの営みのすべて」　（相川, 2018）

キーワードは「対等な関係」

新しい技術や専門性ではない
これまでのつながりを、
あらためて意識し、再構築すること

図2

"ピアサポート"の不思議な力

①場（トポス）：ありのままに経験を語ることのできる場
②関係性：対等で相互主体的な関係性
③視座：経験している者として、経験している者にしか見えないもの、わからないこと、感じないことがある

図3

私はこの「ピアサポートの場」が「トポス」であり、みなさんにとって「ありのままに経験を語ることのできる場」になっているのだろうと思います。それは、3つの軸があって、この「場（トポス）」のほかに、「関係性」というのが1つ、それから「視座」ですが、ピアサポーターがつながっているのは、同じような経験をしている人たち同士ということがあって、経験している者にしか見えないもの、わからないこと、感じないことがある、というのが接着剤になっているのだと思います。

ピアサポートから考える「対等」とは？

「ピアサポート」では「対等な関係」というのがキーワードなので、私なり

図4

にその「ピアサポート」の中での「対等性」というのを考えていたんですが、今のところ2つのことがあるかなと思っています。図4です。一つは「する－される」というのが対等になっている。これは「もちつもたれつ」のようなことですが、理論的説明として参考になるのが『借りの哲学』(サルトゥー＝ラジュ、2014) です。これは、「支援する側－される側」が逆転するときがあるのですが、逆転するときにはそれが存在意義や存在価値にもつながる役割を持つ、というところがとても意味があるのだろうと思います。もう一つは「する－される」を超えた関係というのがあることに気づきました。これは私がピアサポート活動の中で強く感じたことです。

それはどんな「場」かということで、図5に示しました。これは一対一でも一緒なんですけれども、「ピアサポート」というのは直接的に向かっていかない場だと思うんです。「する－される」という、ダイレクトに個に向かわないで、「経験の物語(ナラティブ)」を語るときに、2人、もしくは対話をしている者同士の間にソッと「置く」という感覚です。「差し出す」とも言います。その経験にそれぞれが主体的に参与していく、この主体的参与のところにとても相互主体性というのが関わってくると思います。そうすると今度、その経験を眺めていた人が、「自分の経験は～なんだよね」と、またポンとその場

第Ⅱ章　ソーシャルワークにおける「対等」とはなにか？

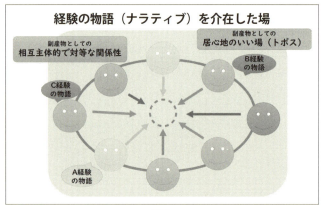

図5

ピアサポートの鍵
"経験の語り（ナラティブ）"

①経験の語り（物語）（唯一無二の語り）

②物語に対する主体的な参与

③物語を介在してできる居心地のいい場

　〈中動態的な世界〉

　〈話し合い、集う場（トポス）〉

④そこに結果的に作られる関係性〈**創出的副産物**〉

　〈相互主体的で対等な関係性〉

図6

　の"間"に出される。またみんなが眺めながら。言いっぱなし、聞きっぱなし、なんていうこともよく言われますが、ピアサポートの場合は、その場を構成している者が言葉にした経験を通して、語り合うということがずっとつながっていく。そういう場になっているのではないかなと思っています。
　これは創出的副産物という言葉があるそうなんですが、結果として「相互主体的で対等な関係性」がここから生まれてくる。結果として「居心地のいい場（トポス）」となっているということだと思っています。

そして、この「ピアサポート」の鍵は「経験の物語（ナラティブ）」です。図6にあげましたが、ピアサポートが「つながる」感覚を得るのは、ピアとしてくくられた「同様の経験」を共有したときです。例えば、精神疾患がありながら生きていくことに対する希望がなくなった感覚、薬を飲んでいるしんどい感じ、精神障害があると言うことを躊躇する思い、朝が起きられないしんどさ、周りからの無理解による心無い言葉に苦しんでいる思い、などを共有したときに、「私だけではなかったんだ」と思えることは、「心の氷が解ける」ような感覚だったと表現された方がいます。

　これらを共有する方法が「経験を語る」ことです。車椅子を利用している方同士は、目に見える共通経験がありますので、語らずとも共有できるものがあるかもしれませんが、精神障害や発達障害、内部疾患、難病、病気や障害だけではなく、不登校、引きこもり、その家族などなど、目に見えない生きづらさを抱えている場合は、その経験を何らかのかたちで表現しなければ、他者と共有することはできません。ある地域でピアサポート講座を開催したときに、受付でご婦人二人が「まあ、なんでここにいるの？！」とお互いに驚いていました。お二人は30年来の趣味友達だったのですが、精神障害のある子どもがいることを一言も口にしたことがなかったのです。

　もちろん「同様の経験」であっても、その背景や思い、苦労は千差万別です。しかし、経験していない他者にはこの思いはわからない、スティグマや苦労の多い経験をしている者同士は、同様の経験をしている仲間との出会いに触れたときに、瞬間接着剤のように強固に「つながり」ます。

　「対等性」については、今回の対談に向けてあらためて勉強し直して7点ほど図7に示しました。特にマルティン・ブーバーとカール・ロジャースの対談（1957年、ミシガン大学）です。とても対照的なのが、カール・ロジャースは対等はありえる、クライエントと専門職の対等はありえると。だけどマルティン・ブーバーはありえないと。そういうディスカッションをしているんです。そこでヒントになるのは柏木先生のおっしゃる「権力性」（図8）です。

　そもそも当事者はどう考えているのだろうかというと、実は、三野宏治さん

第Ⅱ章 ソーシャルワークにおける「対等」とはなにか？

```
"対等性"について
①ソーシャルワーカーの権力性　　　（柏木，2010）
②当事者は「対等性」をどう考えているのか？　　（三野，2011）
③対等はあり得ない　　（ブーバー，1997/2007；今井，2006）
④自己開示と対話と対等性　　（ブーバー，1997/2007；今井，2006）
⑤魂と魂が出会う　　（白洲，2002）
⑥対等性の必要性　　（三野，2011）
⑦縦と横の関係　　（新戸部，2002；矢内原，1940）
```

図7

```
対等性について
①ソーシャルワーカーの権力性
・「ソーシャルワーカーが権力意思をもたなくても、クライエントはそれの受け手としての受動的になってしまうのが、援助・支援「関係」のそもそもの性質なのである。受け手があればこそソーシャルワークが成り立つ。同時にソーシャルワーカーは援助・支援を提供する主体になっているということなのである。」　（柏木，2010：104-105）
・「善意は権力と表裏一体である。自己自身の権力性に対する反動形成として「受容」が語られたり、「クライエント自己決定の原理」が主張されたりすることさえあるのである。」
→スーパービジョンでの自己点検の必要性　　（柏木，2010：105）
```

図8

```
対等性について
②当事者は「対等性」をどう考えているのか？
・「対等であると困る」「対等であると専門家の意味がない」「看板を上げている時点で対等ではない」　　（三野，2011：11）
・「対等性」について専門職者のみが意識しているうちは対等にはあり得ない。
　　　　　　　　　　　　　　　　　　　　　　　　（三野，2011：13参照）
```

図9

> **対等性について**
> **③対等はあり得ない**
> ・「あなたの方は彼に色々としてあげて、ご自分と対等の位置に彼を立たせます。あなたは彼を──いくぶんか──構成するのです。いわばあなたと同等の地平に立つことが可能となるために彼に与えるのです。」
> (ブーバー，1997：84；今井，2006：21)
> ・「**対等性をしつらえているのは一方のセラピストの側だけなのである。その時点ですでに、必然的に対等ではあり得ない**。なぜなら、対話する相手によってしつらえた対等性とは、もはや真に対等性と呼ぶに値しないからである。」
> (今井，2006：21)

図10

> **対等性について**
> **④自己開示と対話と対等性**
> 「対話において重要なことは、**自己が他者に対して開かれているかどうか**ということである」「問題は、彼が開かれうるかどうか、彼が自分自身を開くかどうか、ということなのです。」
> (ブーバー，1997：76；今井，2006：23)
> 「樹のいのちにふれるということは、われわれが、そこに心を傾け、そこに自己の全存在でもって、その樹を厳とした**ほかならぬこの他者として、つまり「汝」として承認するときにはじめて可能である**。そのときに、樹がおのれの生きた全体性と統一性、つまり**生ける存在の確実性を開示する**のである。」
> (今井，2006：24)

図11

がインタビュー調査をしたのですが、「対等なんてありえないし、あんまり思ってもいない」とか、当事者からは「特に対等性なんて考えていない」、「求めていない」といった声があったりする（図9）。

そうすると、牛津先生より開会のご挨拶で「さ̇せ̇よ̇う̇と̇する」（本書12頁）という話がありましたが、そもそも「対等性」なんてことは、考えている専門職側が何とか対等にしようとさ̇せ̇る̇と、そもそもそのこと自体がもう対等ではないのではないか、というのが、マルティン・ブーバーが言ってることなんです（図10）。

そのカギになるのが、柏木先生のおっしゃっていた「自己開示」（図11）で

> **対等性について**
> **⑤魂と魂が出会う**
>
> ・「(魂と魂が出会うためには)今まで得た知識や情報を全部忘れて、裸の心でものに接する。そして相手が心を開くまで黙って待つのである。」
>
> (白洲,2002:513;今井,2006:25)
>
> ・「重要なのは、相手がおのれを開くのを願って待つという祈りにも似た姿勢であるのである。」
>
> (今井,2006:25)
>
> → 〈自己開示〉と〈時熟〉
>
> (柏木ほか,2010)

図 12

> **対等性について**
> **⑥対等性の必要性**
>
> ・「自らの病を理解し、専門家の力を利用するには、専門家の文脈ではなく**当事者の文脈で病や障害を語ること**が必要だ。そして自らの回復の文脈を専門家に再び取り込まれてしまわないためには「対等性」という考えが有効になる。」
>
> (三野,2011:15)
>
> ・当事者が「対等性」という視点を持つことで専門家の意見を絶対的なものとしてではなく、自身の求める状況を手にする一助としての説明を求めることの可能性を含有する。当事者から説明と同意を促すことで専門家の手続きとしての自己決定から、本来の自身で決めることへの段階に「対等性」という視点は必要であるといえる。」
>
> (三野,2011:15)

図 13

す。自己開示をすることによって対等な対話というのが生まれるということで、そのことを白洲正子さんという方が、「魂と魂が出会う」というふうにおっしゃっておられます(図12)。これは、先ほどの柏木先生の「直に向き合う」という話だと思っています。「魂と魂が出会う」というところにおいて、これはまず自分から開くわけですね。そして相手が開くかどうか。さっき、経験をポンと置いておいて主体的参与があるまで待つのだと言いました。そこには「時熟」柏木先生のおっしゃった「カイロス」、その人にとってちょうどいい時、ということなのだと思います。

ピアサポートから考える「対等」とは？

対等性について ⑦縦と横の関係	
縦の関係	横の関係
ヴァーチカル─垂直（線）的関係	ホリゾンタル─水平（線）的関係
個人のたましひと神との交わり	個人と個人の交わり
宗教生活	社会的関係
譲れない関係＝独立	譲れるだけ譲る関係＝平和

＊横の関係は、縦の関係があってこそ、志をもち（新戸部, 2002）、喜びを享受し、温かくなる（矢内原, 1940）

（新戸部, 2002；矢内原, 1940）

図14

　対等性の必要性というのは、専門家の文脈で病を語るのではなく当事者の文脈でまず語るんだと、だけれども語った後にまた専門職の文脈に呼び戻されて、取り込まれてしまわないためにも、ちゃんと対等性という視点を当事者自身が今度は持つんだということを三野さんがおっしゃっています（図13）。先ほどインタビューでは当事者は「（対等性を）そんなにもう期待もしていない」ということがありましたけれども、当事者自身が「対等性」ということを意識する、そのところで、今で言う「リカバリー」という話が出てくるのかなと思います。

　もう一つ、聖学院大学の礼拝で本学のチャプレンより「縦と横の関係」ということをお聞きしました。それは、横の関係というのだけだとあまり安定しないというお話だったんです。これは、新渡戸稲造さんとか、矢内原忠雄さんがおっしゃっていたようで、ここでの縦の関係とは神様との関係のことですけれども、これは私たちの世界でも言えることなのではないかと思いました（図14）。

　柏木先生のソーシャルワークの原理について、もう一度考えてみますと、図15の「クライエントの自己決定はかかわりの産物である」というのは、先ほどの創出的副産物だなと思っています。自己決定をさせようと思って関わって

第Ⅱ章　ソーシャルワークにおける「対等」とはなにか？

**ピアサポートを通してあらめて考える
柏木先生のソーシャルワークの原理**

・「クライエント自己決定はかかわりの産物である」　　　　　　　　（柏木, 2019）
・SD（自己決定）＝ f（a・r・t）　　　　　　　　　　　　　　　（柏木, 2019）
・ニーズ（欲望・欲求・思い）は
　様々なポジションの私（対話的自己論）と様々な人の「かかわり」と状況の**組み合わせで変動する**

（参照：「欲望は組み合わせ」、國分功一郎, 2020 講演）

図15

中動態の世界とは

・「能動態と中動態は、主語が過程の外にあるか、内にあるかが問われているのであって、意志は問題とならない。」
・「能動態と受動態の対立は「する」と「される」の対立であり、意志の概念を強く想起させるものであった。」
・能動態と中動態の場合、能動態は「主語から出発して、主語の外で完遂する過程」中動態は「主語はその過程の行為者であって、同時にその中心である。主語〔主体〕は主語の中で成し遂げられる何ごとか－生まれる、眠る、想像する、成長する、等々－を成し遂げる。その主語は、まさしく自らがその動作主〔agent〕である過程の内部にいる」

（國分, 2017）

図16

いるわけではなくて、相互主体的なかかわりの結果として自己決定はあるんだ。湧き起こるように自己決定はある、と。

　先ほど、"ピアサポートの全体"として"居心地のいい場"（32頁、図6）で「中動態」というのを挙げたのですが、"中動態"とは國分によれば、「主語はその過程の行為者であって、同時にその中心である」とし、例えば生まれる、眠るなどとしています（図16、詳細は第Ⅳ章73頁）。そして、國分は自由な意

志はないとし、意志というのはさまざまなポジションと、さまざまな人の"かかわり"と状況の組み合わせで変動すると思います。例えば、歩くことがままならない母は、明日はAヘルパーさんだから、これを頼んでみる、明後日はリハビリでBさんが来るから、あれをお願いする、とよく話しています。自分の体調によって、おしゃべりをたくさんしたいと思う時もあれば、あまりお話ししたくないと思うこともあります。自分の体調と、かかわりと、状況の組み合わせによってニーズは変動するということです。

　また、「病を受け入れなければならないと思っている私」もいるし、「いやいや病気じゃない、いつかは治ると思いたい私」もいるし、「病気とともになんとか生きていくしかないんだと思う私」もいる。これらは、時によっていうことが異なるということではなく、私たちの中には、どれか１つの意志で生きているわけではなく、すべて私の中に存在する意志であり、物語ということです（ハーマンス＆ケンペン、2006）。

　それぞれの思い、物語があるので、例えばピアサポーターの方には、「病気になってよかった。初めて仲間ができた」と言う語りや、「病気や障害があっても、自分らしい暮らしはしたい」、「病気や障害をいかせる仕事をしたい」など、の病気や障害があることをポジティブに受けとめる物語があります。一方で、「やはり病気や障害を隠したい。ばかにされたくない。傷つきたくない」という思いも時々出てきたりする。そして「やっぱり病気は治したい。治してほしい」とおっしゃる。これは、同じ人の思いで、それぞれに全部その思い、物語があるということで、「自己決定という、意思決定は１つではない」ということです。目の前の人によって、関わる人によって、語る人によって、その気持ち、希望、思いというのが、表明されるものが変わってくるということもあります。

"かかわり"から"つながり"へ、"つながり"から"協働"へ

　「あらためて"対等"とは？」ということで、図17にまとめてみました。ク

第Ⅱ章　ソーシャルワークにおける「対等」とはなにか？

あらめて"対等"とは？

①存在価値　：　〈相互主体性〉

②立場性　　：　〈互酬性〉

③関係性　　：　〈中動態〉〈借りの哲学〉

・互いが変化するということ。
　　cf.一緒にリカバリーしよう

　　　　　　　　　　　　　　　　　　　　　　　　　　（志賀，2018）

・主体（能動）と客体（受動）が入れ替わる。曖昧になる。変動する。

・「自己開示」胸襟を開く（柏木）

図17

新たな関係性

固定化した関係性からの脱却と、柔軟な関係性へ

本人中心、共に歩む姿勢の具現化

・支援する―される、という固定化した関係性による限界と生きづらさへの気づき

・支援する、かつ、されるプロシューマーの出現によるポジションの揺らぎ・葛藤→可変力動的な柔軟な関係性へ

・「力動的とは自ら語る自由を保障すること、かかわりの質はクライエントとの協働性が活かされていたかが要素」*

・新たな関係性から見えてくるもの

　　　　　　　　　　　　　　　　　　　　　　　＊（柏木ほか，2010：90）

図18

ライエントだけが「リカバリーして変わりましょう」。支援者は「私は何も変わりません」というのは、対等じゃないのだと思います。私も一緒に変わる。ピアスタッフの人たちがよく、「一緒にリカバリーしよう」、「リカバリーの歩みに一緒に参加する」という表現を用いていて"支援"という言葉をあまり使わない。そこがとても象徴的に対等性を物語っているところで、能動と受動が入れ替わったり、曖昧になったり、変動するということがある。ここでカギに

なっているのが、先ほど柏木先生がおっしゃった「胸襟を開く」という「自己開示」ということなのかなと思います。

「"かかわり"から"つながり"へ」ということで、これは、たまたま「ピアサポーター養成講座」（2020年、上尾・鴻巣・川越・川口地域合同）でグループワークをやっていたら、ある方が「僕たちは"かかわり"じゃなくて"つながり"だよね」と、ぽろっとおっしゃったんです。私はもうちょっと聞きたいなと思って、「"かかわり"と"つながり"はどう違うのですか」と聞いたら、ピアサポーターの方が言うには、「"かかわり"は、ピアサポーターのほうからしたら、ちょっと一方向的で上下関係的で不変固定的な感じがする」と。「"つながり"は、双方向的で同じものを共有して、主客も変動する感じがする」というふうにおっしゃっていました。「でも、とっかかりとしては、"かかわり"は必要なんだよ」と、「で、"かかわり"から"つながり"に変化してゆく関係性というのがいいんだよね」という話をしてくださいました。

ソーシャルワーク実践においては、「新たな関係性」（図18）が重要になるかと思っています。柏木先生と佐々木敏明先生の共著である『ソーシャルネットワーク協働の思想』の中で、"つながり"から"協働"へということも書かれていて、そんなこともヒントになるかと思います。このあとの対談で柏木先生にお聞きしたいなと思っています。

ありがとうございました。

注

1）旧精神保健福祉法の精神障害者社会復帰施設の一つ。障害者自立支援法（現在の障害者総合支援法）制定とともに廃止。

第Ⅲ章

対談・質疑応答

（柏木　昭×相川章子×参加者）

自己決定：当たり前ではなかった

相川章子：皆さんの質疑応答の時間も取りたいと思いますので、少しだけ対談をさせていただきます。私のほうからまず柏木先生に質問させていただいてもいいでしょうか。今はクライエントの「自己決定」というのは当たり前のことになっているかと思うんですけれども・・・。私も当たり前と思って聞いてきたんですが、あるとき柏木先生が講演会で、ある精神科医から、「そもそも自己決定できないところの障害なんだから、何を言ってるんだ。ソーシャルワーカーは」というふうに言われたという話があったとうかがっています。そのあたりのお話を少しよろしいですか。

柏木昭：その先生は東大の医学部のお偉い方でありますけれども、昭和40（1965）年ぐらいでしたかね、PSWの全国大会があったときにお呼びしたんですね。そして講演をしていただきました。その中の話だと思います。

　「柏木さんは、クライエントの自己決定ということを言われたけれども、そもそも自我そのものが、きちんと整っていない精神障害者に自己決定を求めるっていうのはそもそも矛盾なんじゃないか」と。「そういうのは私は受け入れられない」という話をされて、私は、これは話がかみ合わないなっていう経験をした覚えがあります。だから今から何十年も大昔の話になりますけれども、そういう経験を得て、私はいよいよ、むしろ、マイナスの評価というものをプラスに転化して、全然動じなかったというところがあります。

　こんにちの自己決定論を当たり前っておっしゃったけれども、なかなか当た

り前にはならない部分もあるんですよね。お医者さんが自己決定を尊重しないのは、むしろ自然な成り行きだと思うんです。やはり病理学とかあるいは精神病理学といった見地からすると、「やっぱりこの方の症状に対応するようなお薬っていうのは、これが当然なんだから。その人が飲まないっていう選択肢はあり得ない」というのが、お医者さんの立場であって、これはこれで成立するんだろうなと。むしろ社会的な見方から言えばそれが当たり前のことなんです。だから、ソーシャルワーカーというのはそこで、「いやそんなことないよ」と。さっき私も言いましたけれど、なんで飲みたくないかというそういう気持ちをやはり受け入れて、それに応えながら進めていくお医者さんだって出てきそうだなという、そういう気配は感じておりました。個人的な名前を言うとあまりよくないと思いますけど・・・。

　国立精神衛生研究所に「デイケアセンター」というのがありまして、そこでそういう話が持ち上がったのは、昭和45、6年でしたかね。鎌倉のある精神科医が、「いや、そういうことだってやっぱりありうるんだから。医者の処方っていうのを拒否する権利ってのは、ないわけではないよね」っていうようなことを答えてくれたことがあります。それからもう1人は、仙台のDr. Hという方ですが、その方は、やはり私どもソーシャルワーカーの言い分というものを「よくかみしめながら僕は臨床をやってるよ」と賛成してくださいました。同じ精神科医で、デイケアの先達である浅野弘毅という先生がいらっしゃって、私どもを応援してくれましたので、全く水と油のような感じの「医療の世界における自己決定」というものが、だんだんそういうふうに浸透していく可能性はあるなということを私は思いました。

相川：先生が全く揺るがずに固持をしてこられた55年間があったということですね。

権力性（パワー）について

　「今、制度の中で歴然として存在する人のパワーバランスについて、ソー

シャルワーカーはどう考えるべきでしょうか」という質問がきています。この世の中に歴然としてあるパワーの格差、対等じゃないということだと思うんですが。

柏木：そういう領域に挑戦できることを与えられた仕事であると。それが私たちソーシャルワーカーの仕事として、本当に大事なものであるということで、それに賛同して、こうして集まって来ておられるのだと思います。

　皆さま方のこれからの希望に満ちた生涯というものは、やはりマイナスのものをマイナスのものとして受けるんじゃなくて、これは私の職場だという、格好のソーシャルワーカーの場として取り組むことで、続いていくのだと思っております。ちょっと質問に答えてないかな。

相川：ありがとうございます。それは、ワーカーはマイナスなことに対して、自分たちの場として取り組むというチャレンジをしていく職種なんだということでしょうか。

柏木：対話になってないかと思うので、ちょっと先生に質問してよろしいでしょうか。"かかわり"と"つながり"の話なんですけども。あの"つながり"っていうのはとってもいい言葉だなと思って聞いておりました。私はかつて"つながり"という言葉を使ったことはないんですけども。牛津先生が相互主体性ということを非常に強調しておられますね。その辺で、"つながり"っていうのは、やはり主体と主体の関係、それがなければ、つながっても何か、聞く耳持たずで一緒にいるだけの話。物理的なその関係じゃなくて、もっとこの本当に心の通じ合う、魂と魂とおっしゃったけれども、そういうものがやはり大事だということを言っておられるんですよね。

相川：そうですね。私も"つながり"について何か調べ直したわけではないのですが、ちょうど数日前のピアサポーター養成講座の場でピアサポーターの方から、私がずっと"かかわり"と思っていた言葉について、当事者の方々から見ると違うように見えてる、ことに気づかされたということがありました。私はそのことをどう考えていいかわからないまま今日を迎えています。今日こういうテーマだったので、先生と一緒にお話しできたらいいなと思っていました。

今先生がおっしゃったような、その時のグループディスカッションでは、ピアサポーターの皆さんは、そういう相互主体的なイメージ、相互主体という言葉は使いませんでしたけれども、「主客も逆転するという双方向性が大切なんだ」ということ、「"つながり"だと逆転するんだ」っていうことをおっしゃっていました。

柏木：「逆転」っていうものに価値がある、意味があるわけですね。

相川：そうだと思います。そこに対等性というものを表す鍵があるのだろうと思います。全く、能動と受動、主体と客体が変わらないというときには、おそらく対等っていうふうには見えにくい、感じにくいということだと思いました。先生がおっしゃる権力性みたいなことにもつながるのかなと思って・・・。

柏木：権力性っていうのはね。そもそも我々、持ってはいけない一つの姿勢だと思うんです。にもかかわらず、先ほど私が言った、「治療チームに属しているから私は。あなたを治すんだ」というような、そういうような姿勢っていうのが問題になるわけですね。ワーカーは、「私は治療者ではないよ」ということをきちんと言う。地域の事業所ではそういうことが言える、けれども病院のソーシャルワーカーはやはり治療者になっちゃってるわけですよ。身も心も治療者になっちゃって、上からものを言うような癖がついていたら、これは、ワーカーじゃなくなってしまう。そういう憂いを私は持っております。

相川：ありがとうございます。「ピアスタッフもやっぱりパワー持っちゃうんですよ」ということを書いてくださっている方がいます。Aさんいいですか。ご発言いただいても。

参加者A：仙台からまいりました。3月まで障害者相談支援事業所で相談員をしていまして、私自身当事者でもあります。現在は演奏家、オルガニストです。ピアスタッフという形の雇用というのではなかったんですが、自分の病の経験とか、そこから今に至る物語で役に立ちそうなことがあればぜひ、ということで、会をしていただいたんですが。自分の周りでピアスタッフとして働いている人が何名かいて、ピアスタッフというふうに言ったとたんにすごくいろいろなことを求められたり、逆に威圧的な感じを与えてしまったりということ

権力性（パワー）について

が起こっていたのを見て、私自身も自分の経験を語るときに、すごく気をつけていたんですね。経験の価値ということなんですが、わかりやすいかどうかわからないんですけれど、朝テレビで青汁とかの CM をやってますよね。「私これを飲んですごく元気になりました」みたいな。あれってなんか、「そうなのか。青汁飲んだら元気になれるんだ」っていう気持ちになるんですね。それって個人の感想ですとか書いてあるんですが、体験者の声だから、すごく共感できるのではないのかなと思っていて。例えばこちらに薬を飲みたくないという方、患者さんがいらっしゃって、「薬は飲まなきゃだめですよ。私は薬を飲んだからこうして元気でいられるんですよ」というふうに言うことが、そもそもパワーになってしまう気がします。薬を飲みたくない気持ちを聞いて、そこに寄り添っていく作業というか、そういうかかわりがピアスタッフにとって必要なんじゃないかなと思います。

相川：ありがとうございます。パワーは医師やソーシャルワーカーだけではなく、同様の経験を持つピアスタッフも、その経験がパワーになってしまうことがあるということですよね。仙台からいらしていただいたということで、遠くからありがとうございます。そしたら時間がなくなってしまったのですが、少しだけフロアの皆さんのほうから質問をいただく時間にしたいと思います。お二人ほどになるかと思うんですが、質問票書いていただいている方でもぜひ手を挙げていただければと思います。ありがとうございます。

参加者 B：本日は貴重なお話をありがとうございました。私は今、ふだんは就労支援施設でソーシャルワーカーをしていて、その他の活動として当事者としてピアサポートグループを運営しております。そのような中で、当事者同士集まっても結局、権力争いが始まったりとか、いつの間にか上下関係ができていたりということがしばしばありまして、それで、あらためて対等って何だろうと考えているときにこのイベントがありまして、参加させていただきました。何で当事者同士で集まっても結局こう上下関係ができたり、あるいは権力争いが始まったりするのかなと最近疑問に思っていて、相川先生や柏木先生のご意見、お考えを聞けたらなと。

第Ⅲ章　対談・質疑応答

相川：ありがとうございます。柏木先生からいかがでしょうか。
柏木：ちょっとあまりうまくつかめなかったんだけど。
相川：当事者同士のグループの中でも権力やパワーを持ったり上下関係がおのずとできてしまって困っている、何でだろうという、そういうご質問かなと思うんですが。

　これはよくあることではありますね。私は、大方人は本能的に上下関係をつくりたい集団、習性があるのだろうと思っています。なので、とっても気をつけたり心掛けたりしないと、上下の関係はおのずとできてしまうということがあるのだろうなと思います。

　私はそこで今、ピアの活動で、本当に毎回申し合わせるのは、「Ｉメッセージ」で伝えるということです。さきほどの経験をポンと差し出すというのではなくダイレクトに「あなたが」っていうメッセージを送ると、上下関係や、固定化した主客が生まれてしまうと思うんです。お互いが自分の経験をポンと、感じたことをＩメッセージで伝えるという営みの中では生まれにくいのかなと思っています。ただダイレクトに言いたくなっちゃうことはあるんだと思うんですよね。そういうときに、ピアサポートのグループなどは、ファシリテーターが「ピアサポートの場の促進」という役割を担っています。ファシリテーターが、上に立ってしまうとそのグループはますます難しくなってしまうと思います。

　ただ、ファシリテーターのトレーニングや研修の場というのがほとんどないのが現状です。同じような経験がある人同士が集まればピアサポートだ、セルフヘルプだと言って、多分勢いがあるときは順調に盛り上がっていきますが、グループ活動は生物なので権力争いとか仲たがいとか喧嘩とか、いっぱい生まれて、分裂したり、くっついたりということが——私も経験していますが——あります。とても難しい問題だと思っています。先生のほうからいかがでしょう。

感謝の交換と大事な「間ま」

柏木：私はあんまりピアグループというものに参加したことはないんですけども。

　そういう発言をしていただくというのは、やはり本当に一石を投じているようなものだと思うんですね。だからそれは、その人も、「気持ちを込めて、本当にこれ言いたい」、そういう気持ちがあって発言している。ある人の発言に対してですね、それを、「よく発言してくださってありがとう」という、そういう気持ちで受けないと、どうしても対抗的な気分になる。これがその人間性だと思うんですよ。

　ありがとうから始めて、初めて事が始まるんだろうと思っております。「あ、そうですか。ありがとう。あなたはこういうふうに思っていらっしゃるんですね」ってむしろ反復できれば、それが上出来だと思うんですけども。「あ、ありがとう。あなた、こうこうこういうふうにおっしゃりたかったんですね。おっしゃっているんですよね」って念を押す。これ二番目。それに対して向こうも少し落ち着くわけですよ。こちらが聞いて、聞いてくれてそこまで思ってくれてるのかってと、しかも感謝までしてくれていると相手が感じる。そうすると相手もやっぱりもっと落ち着いて、「いや、おっしゃる通り、そういうことだったんですけど。一点、こういうことが言いたかったんです」って、今度は本音が出てくるかもしれないですね。

　やはり、"かかわり"の形成というところで、大事な間まっていうのがありますね。間とそれから相手へのありがとう。ありがとうという、そういう感謝の交換ですね。そこまで聞いてくれたんだったら向こうも感謝しますよ、ね。だけど、文脈だけにとらわれて、「この人何言ってんだろう」なんていうところで終わってると、やはりあまりうまくいかない。上下関係みたいなものができてしまって、「譲らない」という物理的な状況ができてしまうんじゃないでしょうか。よくわかりませんけれども、そう思います。

相川：おそらく今日ここにピアサポートをグループでやっていらっしゃる方々もいらっしゃるので。もしもフロアのほうからご助言あれば、もう時間がちょっと過ぎているんですが、ぜひ、いかがでしょうか。Aさん、再びお願いします。

参加者A：助言でもないんですけれど。私もピアサポートグループというか、『ピアサポート自主勉強会』という相川さんがお書きになった本を借りて、輪読をメインとした会なんですけれども、そういう会をやっているんです。もともとピアの会の司会とかをやっていたものですから、私が最初ファシリテーターみたいな感じでやってたんですけれども、転職の関係で場所が変わったりして、いろいろな関係が変わってきたんです。柏木先生がおっしゃったように、何か違和が生じたときに、パワーバランスが生じたときに、一石を投じてくれた方への感謝の気持ちの発表というのは本当にそのとおりだと、そうしたいといつも思っているのと、違和を投げかけた、一石を投じた方というのは結構エネルギーとか勇気を持って投じていると思うので、そういうエネルギーを果敢に、いっぱい返してくれているのを感じてやっています。

自分はいったいどういう立ち位置なのか

相川：Aさんありがとうございます。今日は遠い石川県からもいらっしゃっています。せっかくなのでお一言いただければと思います。

岩尾貢（参加者）：石川県の小松市というところから来ました岩尾と申します。ソーシャルワーカーとして50年の経験があるのですが、実は、第一線でずっとワーカーとして私は存在したのかということを考えると、きわめて疑問を持つわけです。私自身が例えば、精神障害者福祉工場から立ち上げて、今、就労継続支援事業A型をずっと続けているんですが。A型という企業を成り立たせないとみんなの給料払ったりとか、そういうことができないときに、やはり制度を守らなければいけない。それが当事者にとって非常に厳しいことになったりとかするわけです。それと私は認知症のことをずっとやっているんですが、

例えば認知症は介護保険法の中でいろいろ決められていますから、きわめて制限を受けながら支援しなければいけない。そういうことがあります。そういう中で、認知症の人たちが、当事者がどんどん発言して、「認知症基本法」というようなものをつくるというところでも、認知症の人たちが、「私たち抜きでいろんなことを決めないでください」ということを言ったり、そういうことが現実には起きてるわけです。

　その時に、自分はいったいどういう立ち位置なのかということを本当に考えたときに、やっぱり制度の中では私はちょっとある意味では権力者側に立たざるを得ないというか、そうしないと維持できないというそういう矛盾があって、私はソーシャルワーカーでなくなったのかなと思います。精神保健福祉士も資格化されてから、その資格の中での業務にとらわれてやっているから、本来のソーシャルワークなんていうのは本当に飛んじゃっているというか、そういうような懸念があったりします。そういう意味からすると、今日のようなこういう研修を受けて、もう一度立ち位置というのをもっと考えたほうがいいなというようなことを、私自身は実感しています。ですから、私は福祉法人の理事長とかいろいろやっていますけれど、そろそろ捨てなくちゃいけないのかなというような、そんなこともちょっと思いながら、今日のお話を聞かせていただきました。どうもありがとうございました。

相互主体的な関係を築くときに心がけること

参加者C：貴重なお話をありがとうございます。石川県からまいりました。私はいつもクライエントと関わるときに、同じスピードでいろいろなことを考えて進めていくということを心掛けながら、質の良い関係を築いていけるようにということを心掛けてやってるつもりなんですけども。今日、みなさんのお話とか質問とか聞いて振り返ってみて、なんか自分ではできてるつもりでも、もしかしてすごく上から目線の言葉を言っているんじゃないかとか、私のかかわりは本当にこれでいいんだろうかいうふうに振り返るところがあって。いくら

第Ⅲ章　対談・質疑応答

こういうパワー関係の中で、これで大丈夫なのかということを質問しても、みなさん本当にやさしいので、大丈夫だと言ってくださるんですけど、すごく自信がなくて、自信がないままずっと曖昧な中で実践しているというところがあります。そんな中で、どのような視点を大切にクライエントと関わっていくことが重要なのか、相互主体的な関係を築くときに、それを心掛けるときに、どのような視点なり姿勢がソーシャルワーカーに求められているのかということを少し教えていただければ、石川県に帰って伝えたいと思いますので、よろしくお願いします。

相川：Cさんは、相当にクライエント自身にも確認をとりながらやっている。「こんなかかわりでいいかしら」と言うと、みんな「いいよ」と言ってくれるんだけれども、本当にいいんだろうかと自信を持てずに、自己点検を繰り返していらっしゃるんだろうと思うんですが。やはりクライエントと関わるときにどんなことを気をつけていったらいいのかということですね。

柏木：それがね、本当に難しいんですよね。何が難しいかっていうと、自分が裸になることが難しいのです。ぼくが象徴的な言葉で「裸」と言ったのは、やはり自分の胸の内をね、きちんと相手に伝えることが第一ではないかと思っています。それをしないでやたらに質問を重ねて社会診断みたいなものをつくるのは、今のソーシャルワークの仕事ではないと思っています。ですから、まず、「私はこれこれこういう理由で、あなたのここが知りたいと思っているんですけども、答えていただけますかね」というような、相談ずくですよね。そういう姿勢を忘れないで、「あ、ここまではわかりました。これこれこういうことですよね」とそこで確認をするんです。つまり歩みを一緒にするという工夫をしていかないと、やはり上下関係という、いわゆるこう治療者側の問診みたいになってしまう。これは相手に対してどだい失礼だし、相手もそういう質問に対してはあんまり答えたくなくなるのは当然だと思います。

　こちら側はその辺を、「これこれこういう理由で、私はちょっとその辺は違うんじゃないかな」と。例えば、クライエントと答えが違うようだったらね。「私が考えているのは……」と。さっきIメッセージとおっしゃったけれども、

「私はこれこれそういう場合には、こんなふうに考えているんですけれども。どうでしょうかね」という、こちらの考え方をそこで提示する。「そういう場合はもう決まっているから、これこれこうしなさいよ」じゃなくて、「私はこれこれこういう理由で、こういうふうに考えますよ。どうでしょうか」という、そういう"かかわり"形成の手法をずっと続けていくのがいいのではないかな、というふうに思っています。

クライエントの苦しみから逃げない「協働」とは？

参加者D：石川県からまいりました。どうもありがとうございます。私自身は聖学院大学の卒業生ですが、当時柏木先生にいろいろお話しいただいて、そこで「自己決定」というものに出会って、実践の中でその難しさというのを痛感しています。感想ですけれども、柏木先生も相川先生もおっしゃっている、「自己決定」を考えるときに「協働」ということがキーワードとなる、というふうに私自身も思っています。最近出会った方で、病気の苦しみを抱えながらなんとかアパートで一人暮らしを続けている方がいて、その方に言われたことを、いつも思っているんです。そこで面接させていただいて、終えて帰るんですけれど、「あんたはいいよな」って言われるんですね。「事業所に帰えれば仲間がいるだろうし、家に帰れば家族がいて、子どもがいて。そういう生活ができるから」と。「自分はあんたが帰った後、この苦しみは続くんだ」と言われるわけです。そういうときやっぱり、本当にその人の苦しさにどう向き合っていけばいいのか、どういうふうに一緒に語り合っていけばいいのかなと、本当に揺さぶられることがあります。そういうところから、ワーカーとして逃げない姿勢ということもすごく大事だなと思う一方で、どこかで逃げてしまう自分の弱さがあるということに気づいたり、日々そういう葛藤があるところで実践をしています。そこで、柏木先生にあらためて"かかわり"における「協働」とはどういうものか、お考えをお聞かせいただければと思います。
柏木：やっぱり相手とね、向かい合う。明らかに身分とか、それから生活実態

とか、違うんですよね。違うからそれはもうそこでおしまいになっちゃったら、これはソーシャルワークと言えなくなってしまうんですね。難しいのはよくわかるんですけども。こっちがやはり、本音でね、言うための準備をしなくちゃいけないと思うんですね。だけど「ワーカーとして」っていう一つの衣みたいなのを着ちゃうと、「なんかこの人に役に立つような言葉を言ってやればいいんだけどな。難しいな」ということになってしまうわけです。

　中には応えられないことだってあるし。身分の違いとか生活の仕方の違いとか。これは物理的な問題なんでね。そこで攻められたら、そこでお手あげになったら、これはやはりまずいですよね。その辺を本当に本音で話す。怒るんですよ。怒ったっていいと思うんです。「そんなことで人間ってね、比べられるもんじゃないでしょう」というようなことを言えるような関係をつくっていくような努力、工夫、それやってみていただきたいと思いますね。

　「あなたの話聞いててね、僕ね、本当にそうだろうなと。だけど僕はあなたのことを本当に心の底から支援していきたいと思ってる。でもあなたは私と一緒にその道を歩もうとしてらっしゃいますか」っていうような質問なども有効だと思うんですよね。つまり、禁句なんてないんですよ。禁句言ったっていいんです。怒ったっていい。こちらの気持ちが伝われば、なぜ怒るか伝わればいいと思うので、その本音で話す工夫というものを、普段からの自分の考察の中で作り上げていくように努力してみたらどうでしょうかね。何か理屈っぽく答えちゃいましたが・・・。

相川：私からは1つだけ。私も、今自分のいろんな"かかわり"を振り返ってみて、「なんか全然関係性がつくれなかったな」とか、「どうしてこんなうまくいかないんだろう」と思う"かかわり"っていうのは、だいたい、私は変わる必要はなくて、相手だけに変化を求めているときにそういうことが起きていたなと思うんです。「何とかしよう、何とかしよう」って、こちらはあまり変わらない主体でいる。"かかわり"を振り返るときに、「私もその人と関わって、一緒に変化をしようと思っているだろうか」ということを振り返れると、何か少し違ってくるのかなと、今ちょっと思い始めているところです。

クライエントの苦しみから逃げない「協働」とは？

**根源的な非対称性から
能動的な変換（倫理）**

・「支援者」と「当事者」
　＝「逃げられる者」と「逃げられない者」
　→「逃げない者」と「逃げられない者」へと能動的に変換する（＝支援者の
　「倫理」）

(稲沢, 2013)

・「援助者が相手と自分の葛藤から逃げ出さないこと、否認しないこと、これが援助の出発点であり、現場の力の基礎である。」

(尾崎, 2002：19)

図19

受動性への自覚

・「他なる者」と向き合う宿命　　　　　　　　　　　　　　　　　　　(窪田, 2013)
・逃げられる者であったはずの支援者は、臨床の場でいつしか逃げられない者へと追い詰められている。
・「追い詰められた受動的な体験こそが『当事者活動へのかかわり』の礎石をより堅牢する。」

(稲沢, 2013：11)

図20

　なので、先ほどの「逃げられないもの（当事者）」、「逃げられるもの（援助者＝専門家）」というのも、尾崎新さん、稲沢公一さんがおっしゃってることで（図19・20）、本当にそこにジレンマと共に向き合い続けるということによって自分自身が変化をしていこうと、そういうふうに思えるかどうかというところや、そのことをまた自己開示、胸襟を開いてお伝えしていきながら、そこの変化を一緒にまた共有するという営みをどうつくれるかということなのかなと。私もまだ実践できてないんですが、柏木先生のお話をお聞きしながら思い始めたところです。
　ありがとうございました。

第Ⅲ章　対談・質疑応答

　このあと、「ピアスーパービジョン」の会があります。皆さん参加していただいて大丈夫です。お互いに、まさに同じ思いを共有する者という「ピア」という対等な立場で、お互いに自分の実践をお話しし合うということで。ただ、初めて会う方同士なので、すべてを話せるというわけではないかもしれないんですが、もやもやしている日頃の実践を、お話ししていくという場になっています。よろしければぜひ、引き続きご参加いただければと思います。

【第一部参考文献】

相川章子（2013）『精神障がいピアサポーター──活動の実際と効果的な養成・育成プログラム』中央法規出版

相川章子（2018）「リカバリーに仲間の存在は不可欠（特集ピアのちから）」、『こころの元気＋』12（7）：6－9

稲沢公一（2002）「援助者は「友人」たりうるのか──援助関係の非対称性」、古川順編著『援助するということ──社会福祉実践を支える価値規範を問う』有斐閣

稲沢公一（2013）「当事者活動へのかかわり──「倫理」から「受動性の自覚」へ（特集 当事者による支援活動と精神保健福祉士）」、日本精神保健福祉士協会編『精神保健福祉』44（1）：18-11

今井伸和（2006）「ブーバーとロジャーズの対話に関する一考察──セラピストとクライエントとの対等性の問題」『三重短期大学紀要』54：19-25

牛津信忠（2019）「福祉形成における互酬構造とその原点」『聖学院大学論叢』32（1）：91-117、

尾崎新編（2002）『「現場」のちから──社会福祉実践における現場とは何か』誠信書房

柏木昭（1996）『ケースワーク入門』川島書店

柏木昭（2009）「精研デイケアと私の成長」『精神科臨床サービス』Vol.9, No.1

柏木昭・佐々木敏明・荒田寛（2010）『ソーシャルワーク協働の思想──"クリネー"から"トポス"へ』へるす出版

柏木昭（2019）「『かかわり論』の真髄を探る」聖学院大学総合研究所スーパービジョン・センター（本書88-89頁に掲載）

河合隼雄・中村雄二郎（1993）『トポスの知』（新装版）、ティビーエス・ブリタニカ

窪田暁子（2013）『福祉援助の臨床──共感する他者として』誠信書房

國分功一郎（2017）『中動態の世界──意思と責任の考古学』医学書院

國分功一郎（2020）昭和女子大学、2020年2月9日講演

第一部参考文献

志賀滋之（2018）「2018年度川口・上尾・川越ピアサポーター養成講座」講演資料、「ピアスタッフの活動」（2018年11月1日）、2018年度川口・上尾・川越ピアサポーター養成講座実行委員会（会場：聖学院大学エルピスホール）

白洲正子（2002）『白洲正子全集』第13巻、新潮社

ナタリー・サルトゥー＝ラジュ（2014）『借りの哲学』高野優監訳、小林重裕訳、太田出版（Nathalie Sarthou-Lajus, *Éloge de la dette*, PUF, 2012）

新渡戸稲造（2002）『修養』たちばな出版

ハーマンス、ケンペン（2006）『対話的自己——デカルト／ジェームズ／ミードを超えて』溝上慎一、水間玲子、森岡正芳訳、新曜社（Hubert J.M. Hermans, Harry J.G. Kempen, *The Dialogical Self: Meaning as Movement*, Academic Press, 1993）

ブーバー、ロジャーズ述、ロブ・アンダーソン、ケネス・N．シスナ編著（2007）『ブーバー‐ロジャーズ対話——解説つき新版』山田邦男監訳、今井伸和、永島聡訳、春秋社（Rob Anderson and Kenneth N. Cissna, *The Martin Buber-Carl Rogers dialogue: A New Transcript with Commentary*, State University of New York Press, 1997）

三野宏治（2011）「精神障害当事者と支援者との障害者施設における対等性についての研究——当事者と専門家へのグループインタビューをもとに」『立命館人間科学研究』22：7-18

矢内原忠雄（1965）『余の尊敬する人物』矢内原忠雄全集、岩波書店（岩波新書、1940年）

第二部

対等性の再認識から人間福祉へ進むために

第 IV 章
対等性をめぐって
――柏木ソーシャルワーク論とピアサポートの交差

相川　章子

はじめに

　2020年2月に恩師である柏木昭先生と対談という機会をいただきました。本稿では、ピアサポートについての概要を補足するとともに、対談では深めることができなかった「対等性」をめぐる論点を柏木先生のソーシャルワーク論とピアサポートがどう交差するのか、考察を試みたいと思います。実のところ、柏木先生が対談の中で「対話になっていないと思いますが」と前置いたことがずっと気になっておりました。ここで、天国の柏木先生と再度の対談を試みたいと思います。

第1節では、ピアサポートとは、何かということについて、事例を通してピアサポートの真髄的な価値について触れます。
第2節では、ピアサポートという一言で表される中に、さまざまなピアサポートの形があり、ありようがあることについて整理します。
第3節では、ピアサポートの起源、精神保健福祉領域における欧米諸国および日本のそれぞれの展開について整理します。
第4節では、ピアサポートにおける「対等性」について、対談での内容を補足します。
第5節では、あらためて支援の現場で、対等性がなぜ問われるのかについて考察を試みます。その上で柏木先生のソーシャルワーク論における対等性と、ピアサポートにおける対等性について、異同とともに交差するところについ

第Ⅳ章　対等性をめぐって

て私論を述べます。

1. ピアサポートとは

　ピア（peer）とはラテン語の par（等しい、同じ大きさの、よく釣り合う）を語源とし、「仲間、同僚、対等」の意味があります。サポート（support）は、ラテン語 sub（下から上へ）の同化形 sub ＋ portare（運ぶ）で、supportare「運ぶ、運び上げる、持っていく、前に出す」からきており、「支援、サポート、援助」という意味を持ちます。語源から直訳すれば「仲間を支援する」となります。対等な仲間同士なので一方的に支援するわけではありません。「お互いに支え合う」営みになります。

　ピアサポートは教育分野から始まり、現在では、子育て支援、医療、福祉、保健とさまざまな領域で実践が展開され、理論的な整理がなされています。それぞれの領域ごとに定義もなされており、これらを整理すると、「（それぞれの領域における同様の経験をしている）ピアサポーターによる支援活動」、とするものと、「ピア（仲間）同士の相互の支え合い」とするものに大別されています。

　私は、ピアサポートを広義の「同様の経験や立場のある対等な仲間同士の支え合いの営みのすべて」と定義します。「同様の経験や立場」には、障害福祉領域においては、障害による生活のしづらさや、マイノリティとしての困難さ、スティグマやサービスの受け手としてまたは障害があることによる被差別体験などが含まれます。これらの苦労の経験を同様の経験があるピア同士が語り合い、その思いを共有し合うことで、自らの苦労にとらわれた生き方から、リカバリーの道を歩み始める、またはその歩みを促進することがさまざまな研究により示されています。ピアサポートは根拠に基づいた実践（Evidence Based Practice）として位置づけられています。

　私は日頃から障害をはじめ、さまざまな経験のある方とのピアサポート活動やピアサポート講座[1] および研修などに関わっています。

1. ピアサポートとは

ピアサポートってなんだろう、と考えたときに、いつも思い起こされる印象的な経験を紹介し、ピアサポートの価値について考えたいと思います。

1.1 被災の経験を語る／語らない／語れない

2024年の元旦に能登半島地震が起きました。多くの方が被災され、今もなお、不自由な暮らしを余儀なくされています。

私は、2004年10月23日に起きた中越大震災、そして2011年3月11日に起きた東日本大震災では、ボランティアとして関わらせていただきました。

中越大震災は、私が3年間勤めていた地域が被災地でした。10日後に現地に出向き、その後たびたび訪れました。元の職場を訪ね、避難所を回り、また自宅で避難している利用者等を訪ねました。お会いする方々から、10月23日地震が起きた時にどこで何をしていて、どんな状況の中で地震に遭ったか、家族とどうやって再会したか、そしてこれまでどんなことがあって、どうやって生きてきたか、一人一人の語りに耳を傾け続けました。この地域のすべてが被災者である中で、被災を体験していない私に「聴いてほしい」という思いがあることを感じました。そして、一通り語った後に、こう付け加えるのでした。「でもおらっしょはいいほうだてぇ。もっとたいへんなしょがいるんだんが（私たちはそれでもいいほうだ。もっと大変なひとがたくさんいるんだから）」[2)]と。

東日本大震災では、4月末から5月連休中と、半年たった9月末ころの2度、東松島市の保健センターにて保健師のもとでの災害支援活動に参加させていただきました。

私たちは、保健師の指示のもと、市内の避難所すべてを回り、メンタルヘルスの状況等を確認しました。主に自死リスクのある方への早期発見、早期介入が使命でした。そこで、多くの被災の物語をお聴きしました。

後ろから追ってくる津波から車で必死に逃げてなんとか命拾いをしたと語る

方、自宅が全部流され跡形もなくなったと茫然自失な様子で語られる方、避難所はパンばかりだけど食べるものがたくさんあってかえって太ってしまったと笑いながら語られる方など悲喜こもごもでした。

　そして、一通り被災の物語を語られた後は、やはりこう付け加えるのでした。「私はまだましなほう、もっと大変な人がたくさんいる」「今はみんなで笑顔で乗り越えていくしかない」と。今の苦難に耐え、互いに支え合い、時に笑いながら乗り越えている姿がありました。中越大震災のときに被災者が口々に語った言葉がよみがえりました。

　苦労の経験や大変な思いは一人一人異なり、比べることは難しいことです。しかし、同じ自然災害に遭い、同じような経験をしている人がたくさんいて、頑張っている人がいる、そう思うことで、自分も頑張ろう、なんとか今の苦難を乗り越えよう、堪えようという力が湧いてくるのではないかと思います。これはピアサポートの力と言えます。

　一方で、語る言葉を失った方にも多くお会いしました。東日本大震災では、お母さんとお姉さんと一緒に避難所となった体育館に避難したところ、その体育館に津波が襲い、目の前でお母さんとお姉さんを亡くした男の子は、食べて寝てばかりで何も語らなくなっていました。ヘルパーとして担当していたお爺さんを避難所に送って降ろしたところに津波が襲い、自分だけ助かってしまったことを悔いて、お爺さんの家族に申し訳ない、と自らを責め続け、何も語れずに涙を流していた方もいました。

1.2　身寄りを訪ねたものの、避難所に戻ってくる人たち

　震災から1か月半後、ある男性が、避難所へ入居する手続きに来ました。震災当日たまたま出掛けていて自分だけ助かったが、両親と家をすべて流されてしまったと語られました。震災直後は一人で両親の遺体を探すために来る日も来る日も多くの遺体を確認し続けたそうです。「震災ですべて一変してしまった」と話されました。

今までは弟家族のいる仙台に身を寄せていたが、弟家族に気を遣って生活することや、早く仕事をするようにと急かされるなどもあり、この避難所に越してきたとのことです。同じ両親を亡くした兄弟でも、地域を離れている、もしくは共に過ごした時間が異なると、悲しみやつらさが共有されない、そういう感覚の中で、孤独感を募らせたようでした。数日後、私が避難所を訪ねたときには、すし詰め状態の大部屋の入り口に、布団一枚の「自分のスペース」で穏やかな表情で、「今はストレスもなく快適です」と話されました。

避難所では、こうして、娘や息子、親戚などの身寄りを訪ねて避難したものの、「行くべきではなかった」「逃げるように出てきた」と語られ、避難所で、同じように被災した方々と言葉通り肩を寄せ合って生きている方が少なくありませんでした。

大切な人を失い、大切なものすべてを流された大きな喪失感の中で、まずは命、食事、睡眠の欲求が満たされることが何よりも優先されることは言うまでもありません。しかし、食事や睡眠が健やかにできるのは、広々したベッドや、温かい豊かな食事があることではなく、それよりも、このつらさ、悲しみを言わなくてもわかり合える人が隣にいることが大切であることを、震災支援を通して、驚きとともに認識させられました。

これがまさにピアサポートの価値にほかなりません。

1.3　同様の経験をしている仲間の力：これまでの"支援"の枠組みで考える"支援"との違い

退院後、3年間あまり自宅に引きこもっていました。同じ病棟の患者仲間から偶然にデイケアの話を聞き、日中の活動の場に最適だと思い通所し始めました。仲間とのかかわりが増して、今まで押し殺してきた自分の正直な気持ちを少しずつ話せるようになりました。自分を解放する気持ちよさを味わいました。

そのころから、少しずつ、自分よりふさぎ込んでいる人に対して、なにかできることがないかと考えるようになりました。自分もリカバリーの途上にある

第Ⅳ章　対等性をめぐって

身であるので、同じように生きづらさと格闘していて、一緒に寄り添い、支え合って、乗り切っていきたいという思いからでした[3]。

　ピアサポート講座を受講したHさんのリカバリーストーリーです。ピアサポートのすべてが凝縮されています。自分の気持ちを「今まで押し殺してきた」ことに気づいたのも、そのことを語れるようになり、解放されたのも「仲間」とのかかわりによるものだと言います。そして、「一緒に支え合って乗り切っていきたい」と。いわゆる、これまでの"支援"の立ち位置と異なる世界観です。

　「人生を後悔なく自分の意思で生きたい、人間らしくありのままに生きたい」[4]

　5歳のときにデュシェンヌ型筋ジストロフィーを発症、「20歳まで生きられる保証はありません」と医師に告げられ、8〜18歳まで10年間入所施設、その後24年間入院、8歳から34年間の施設・入院生活を経て、自分の暮らしを手に入れたKさん（45歳）の言葉です。退院支援から、現在の地域生活をサポートし続けているのが、自立生活センターです。代表のWさんもまた、同様に身体障害があり、車椅子を利用して24時間に近い支援を利用しながら地域で暮らす当事者です。Kさんのこの思いを「実現する」という信念を持って関わられました。まさにピアサポートによって、実現不可能と思われたKさんの地域での暮らしを実現しました。
　ピアサポートには、これまでの"支援"の枠組みでは不可能と思われていたことを、同じ地域で暮らす一人の人間として、目の前の仲間（ピア）の声や思いをかなえる、実現する力があります。"支援"の枠組みで考えるのではなく、あくまでも「自分ごと」として、仲間（ピア）と共に、とことん信じて、とことん寄り添って、工夫していく力があります。

2. ピアサポートのさまざまなカタチ

ピアサポートは、さまざまなカタチやありようを一つの言葉で表現しています。大きく3つの類型に分類することができ、さらに役割（仕事）としてのピアサポートについては雇用契約の有無によりさらに2つに分類されます[5]。（図1参照）

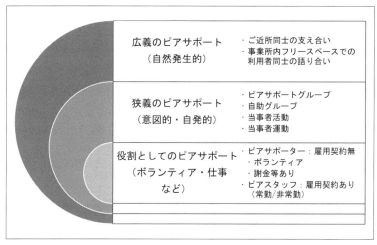

図1　ピアサポートの類型

出典：相川章子（2022）「ピアサポート／ピアスタッフの歴史的展開と発展可能性」『精神障害とリハビリテーション』26：6 を改変。

1）広義のピアサポート（相互扶助：Mutual aid / Mutual support）

アフターファイブの飲み会、親しい友人とのお茶飲み話、施設等での仲間同士の会話、自然発生的に仲間同士が集い、意識せずとも支え合うありようです。生命あるもの2つ以上が集う中で本能的な営みとして、ごく自然発生的に生まれる関係性やありようであり、私たちが生きていく上で不可欠な、身近で誰もが経験したことのある心地よい支え合いの営みです。

2）狭義のピアサポート

自助グループやピアサポートグループなど、同様の悩みや生きづらさを感じ、もしくは経験している仲間同士が意図的に集まって、互いの経験を語り合い、聴き合うグループにおける支え合いの営みです。断酒会やAAをはじめ、精神障害のある「当事者会」や、家族同士の集まりである「家族会」などは自助グループに位置づけられます。

3）役割（仕事）としてのピアサポート：ピアサポーター／ピアスタッフ

ピアカウンセラー、ピアヘルパー、ピアサポーター、ピアスタッフなどさまざまな呼称とともに役割があります。具体的な役割や業務等は異なりますが、いずれも「ピアサポート的な関係を構築し、ピアサポート的な場づくりを促進する役割を担う者」とします。

役割（仕事）としてのピアサポートについて、雇用契約の有無によって以下の2種類に分類されます。

①雇用契約無し（以下、ピアサポーターとする）：セルフヘルプグループ等のファシリテーター等（無償）や、経験の語り部等（有償ボランティアまたは謝金等）を担う者などが分類されます。

②雇用契約有り（以下、ピアスタッフとする）：常勤または非常勤等で、福祉サービス事業所や医療機関等に雇用され有償で働く者などが分類されます。

さらにソロモン（P. Solomon）は、ピアスタッフの働く場について、①当事者運営事業所、②専門職との協働運営の事業所、③専門職が運営する事業所に分類し[6]、雇用されている事業所が、当事者（ピアスタッフ）運営か専門職運営か、もしくは協働型かによって、ピアスタッフの役割やクライエントとの関係性が異なるとしています。また、ピアスタッフの組織内での位置づけ、またやりがいや葛藤に影響があることが明らかにされています[7]。

このように自然発生的でボランタリーなピアサポートからピアスタッフによ

るピアサポートまで、多様なピアサポートが1つの言葉で語られている現状があり、それによってピアサポートの理解に混乱が生じ、またその価値や意義が歪められるなどの課題が生じています。

3. ピアサポートのはじまりと展開

ピアサポートはいつ、どこで始まって、どのような展開をして、今に至っているのでしょうか。

3.1 ピアサポートの起源

ピアサポートの実践的な取り組みのはじまりは、西暦1世紀の教育現場からとされており、「ヘルパーとしての生徒」という実践記録が残されています。時を経て、1800年代のイギリスで、一人の教師がピアティーチングを通じて1000人の生徒を効果的に扱った事例を紹介しています[8]。ジョセフ・ランカスターの『教育の改善』(1803年)によれば、教師が成績優秀な生徒を抜擢して、助手に採用し、その生徒が他の生徒を指導するという制度とされています。もともと国教会聖職者のアンドリュー・ベル博士がインド在任中に小学校の校庭で目撃した「モニター制」にヒントを得て、イギリスで紹介し、それをランカスターが実用化したものとされています。

理論的に整理したのは、1890年より雑誌に連載したものをまとめたクロポトキンによる「相互扶助論」が初出と考えられます。クロポトキンは、ダーウィンの「進化論」にある「相互闘争」にならんで、「相互扶助」が種の保存と繁栄、さらに進化するために重要であるとしました。人間の中には根源的敵対性(他者を服従させて、自分の個人的目的のために利用できるように仕向ける傾向)と同時に、根源的共同性(互いに一致し合い結び付き合って共通の目的を共通の努力によって実現できるように仕向ける傾向)があるとし、これらはそれぞれ人間の本性に備わる根本的なものであり、総合(ジンテーゼ)が必

要であるとしました[9]。

　相互扶助の類似概念であるピアサポートという用語が用いられるようになったのは、1909年にアメリカのニューヨークで非行防止を目的として制度化されたBBSプログラム（Big Brothers / Big Sisters program）からとされています。これらはメンタリング・プログラムとも呼ばれ[10]、学校・地域・企業が連携した市民ボランティアによる青少年発達支援システムとして1980年代後半以降、急速に拡大しました。1960年代には先輩が後輩の学習を手伝う大規模なピアチュータリング・プログラムが行われました。

3.2　精神保健福祉領域におけるピアサポート／ピアサポーター

　精神保健福祉領域におけるピアサポートは、当事者の雇用、自助グループ活動、患者会活動、権利擁護含めた当事者運動などの実践的な展開があり、そこに専門職者等の支援者がさまざまなかたちで関わり、理論的な研究等が展開されていきました。

　障害者領域および精神保健福祉領域におけるピアサポートが普及した背景には、リカバリー運動へとつながる3つの流れがあると考えられます。

　1つ目は、1935年に始められたAA（アルコホーリックス・アノニマス）から始まった**セルフヘルプ（自助）グループの流れ**です。同じような経験をした当事者同士が、経験を語り合うことによる価値を示しました。

　2つ目の流れは、障害者の復権を主とした**当事者運動の流れ**です。アメリカでは当事者であるクリフォード・W・ビーアズ（Clifford W. Beers）が、1908年に自叙伝 *A mind that found itself*（日本語版は『わが魂にあうまで』）を出版し、精神医療改革、精神障害者の人権擁護運動を展開しました。また、1960年代からの公民権運動に端を発し、1970年代に障害者自身らによる自立生活運動が始まりました。日本においても、1970年代に「青い芝の会」が声を上げ始め、精神障害領域では、1974年に「全国"精神病"者集団」が結成されました。

3つ目の流れは、病や障害のある当事者がスタッフとして**働くピアサポーターやピアスタッフの登場**です。実際には3つの流れの中で最も早い時期にその実践がみられます。

　そしてこれらの3つの流れを収斂(しゅうれん)させていったのが、アメリカを中心とする精神障害領域における**リカバリー運動**とみることができます[11]。世界的な脱施設化と相まって、当事者が自身の経験を語るようになり、これまでの伝統的な治療、支援から当事者主体のリカバリー志向へとパラダイムシフトの流れです。

4. ピアサポートの不思議な力

　ピアサポートとは、仲間と思える対等な関係性の中で生まれる支え合いの営みのすべてであり、そこから生まれるさまざまな創造的副産物があり、それこそがピアサポートによってさまざまな不思議な結果がもたらされるということになります。これがピアサポートの価値とも言えます。

　ピアサポートの不思議な力をもたらす構成要素を紐解いてみると、次の3点が挙げられます。

　まず、場（トポス）です。人と人が出会い、集うと、そこには語り合う場（トポス）が生まれます。その場が、自身の経験や思いをありのままに語ることができる安心で安全な、居心地のいい場であることで不思議な力をもたらします。

　次に、関係性です。対等な仲間同士が集い、語り合う関係性は、相互主体的な関係性であることで、ピアサポートが成立します。（同じ経験があったり、仲間同士であれば必ず相互主体的な関係性になるのか。これについては後述します。）

　3点目は視座です。どういう視点からものを見ているか、ここでは、**主観的な経験と感覚にこそかけがえのない価値がある**という考え方をとります。経験しているものにしか見えない景色、わからない世界観があります。

第IV章　対等性をめぐって

　これらの3点が相互に連関し、統合するところに、不思議な力をもたらすピアサポートが生まれます。

4.1　場（トポス）：経験の物語（ナラティブ）を介在した場

　ピアサポートは1人ではできません。人と人が2人以上集まることで初めて成立します。そこには対話が生まれます。その対話、ピアサポートでは互いの経験を差し出し合います。経験の語りが紡がれる場（トポス）によってピアサポートの不思議な力が生成されると考えます。ピアサポートは、経験の語りが紡がれるような居心地のいい場（トポス）で生まれます。

　しかし、精神疾患やその家族であることなど病気や障害、もしくは世間的なスティグマがあるような経験は、同時にセルフスティグマも生成されていることも多く、自分の経験に価値があるとは到底思えず、それどころか誰にも知られないようにひた隠しにしている方は少なくありません。そこで、あなたの経験は価値があるからどんどん語りましょう、と言ったところで、安心できない、脅かされる場となり、むしろ対等ではない関係が構築されてしまいます。

　私が10年以上取り組んでいるピアサポート講座では、精神障害等自身のさまざまな経験（リカバリーストーリーと呼んでいます）を語っていただくプログラムを初日の冒頭に設けています。その語りを聴くことで、これまで恥ずかしい経験だと思っていた方、人生を諦めかけていた方が、同様の経験があっても自分らしく暮らすことはできること、自分の経験は無駄ではなかったということを実感します。自分のこれまでの苦労も含めて「経験は宝物」であると感じ、今まで否定してきた自分の人生を肯定することができるようになるという力動が起きます。そして、自分の経験は隠さなくてもいい、むしろ語っていいんだ、と変化し、その後のグループワークなどで自ら経験を語り始めます。「経験を語る」ということが、リカバリーの一歩につながると言われています。

　隠さなければならないと思ってひた隠しにしていたにもかかわらず、気づいたら、思わず、自分のこれまでの経験を語りたくなる、語ってしまっている、

という状態が訪れることが、ピアサポートの"場"ではよくあります。自分の意志とも言えず、とはいえ、語らされていたとも言えない、「する」でも「される」でもない、明確な意志が介在しない世界です。能動でも受動でもなく、その外側にある中動態の世界と考えます。そして、中動態の世界を体現している状態にあることが、ピアサポートの「居心地のいい場」と言えます。このような場（トポス）が、リカバリーの道を歩み始めるきっかけとなり、歩み続ける力を得るのだと思います。

　中動態について、國分功一郎の『中動態の世界』より説明を加えたいと思います。國分によれば、中動態とは、かつてインド＝ヨーロッパ語に存在していた文法カテゴリーであり、もともとは受動態と能動態ではなく、中動態と能動態であったのだと言います。その区別は「する」「される」という世界を超えて、「主体がその過程の中にあるか外にあるか」であるとします。例えば「与える」「曲げる」は主体の外で完結するので能動態で、「欲する」「愛する」は主体の中で完結するので中動態であると説明しています。「する」でも「される」でもない、意志という概念が介在しない、内から湧き起こってくる態が中動態だと言えます[12]。

　昨今の支援の現場では、意思決定支援、コンコーダンスやSDM（Shared Decision Making：共同意思決定）など、クライエントの意思を尊重するアプローチが次々と出てきています。意思決定支援ではクライエントの意思の形成、表明、実現含めて支援しつつ、その「意思」をもとに支援を展開するというありようが提示されています[13]。

　私の母は長らくヘルパーや訪問リハビリ、往診や訪問看護等のサービスを利用しながら暮らしています。「今日はAさんが来るからこれをお願いする」「これは来週Bさんが来るから聞いてみる」と、人によってお願いすることを変えています。私たちには明確な純粋な自由意志が常にあるわけではなく、人とのかかわりと状況の組み合わせで変わったり、新たに生まれたりします[14]。

　経験という極めて主観的な物語は誰もが持っており、それを自由に語っていいと思える場は、居心地のいい場（トポス）であり、ピアサポートにとって重

要な要素となります。そこには明確な意志は必要なく、その場で湧き起こった自らの経験の物語を自分の言葉で語り紡いでいきます。これが主体化を促進する営みとなります。

この居心地のいい場（トポス）は、意図的に誰かが創ろうとしてできるものではなく、経験の語りが紡がれる中で、結果として生み出される創造的副産物と言えます。同時に、ピアサポートにとって、自らの経験を思わず語ってしまうような居心地のいい場（トポス）をいかに創るか、創られるかが鍵となるわけです。そういう場（トポス）を、場にいる人すべての人と共に創っていくことをファシリテート（促進）するのがピアサポーターと言えます。そしてその場が、いわゆる一人一人のトポスになっていくことが、ピアサポートの価値です。

4.2　関係性：ピアサポートの場における"間"がもたらす関係性

ここで、私が参加するピアサポートグループの「場」で起きた、ピアサポートの不思議な力を感じた場面を2つ紹介したいと思います。

> ある日のピアサポートグループのテーマは「孤立・孤独」。
> 10人ほどが集まり、それぞれに孤独と孤立で想起する自身の経験を語っていました。
> Aさんは、自身が中高と不登校だったときのことを振り返りながら語りました。
> Bさんは、「息子が不登校になってしまって自室にひきこもってしまって・・・どうしたらいいかわからないし、先が見えなくて・・・」とうつむきながら不安を語りました。
> じっと聞いていたAさんが、不登校だった時を思い出しながら、**「今思うと学校行かないわけだし、親は心配していたと思うけれど、自分では意外といろいろ考えてたんだよね」**と語りました。

Bさん「自分には今、こうして聞いてもらえるところもあって、それを受けとめてもらえるところもあって、息子にもこういう抱えていることを話せる場があるといいなと思うんです」と語ると、参加者からは「ここにこれるといいね」「息子さん、Aさんと話ができるといいよね」と、いろいろな意見が語られました。

やりとりを聞いていたAさんが大きく深呼吸しながら**「もっと気楽に考えていいと思うんだよね」**とつぶやくように言いました。

その場の空気は、どうしたらいいんだろうという緊張感のある空気から、一変しました。Bさんは「そうですよね。そうなんですよね」と顔をあげて少しもやが晴れたような明るい表情で頷きました。

ここでの語りは、誰かにダイレクトに届けられる（ぶつけられる）ものではなく、この"場"の"間（あいだ）"にそっと置くように語られていきます。Bさんの「息子が不登校になって……先が見えなくて・・・」という語りは"場"の"間（あいだ）"に差し出されました。その語りからAさんは、Bさんの思いを聴くと同時に、学校に行っていなかった当時の自分を思い出したのだろうと思います。そして「自分の親もきっと心配していたんだろうと思うけど」と当時の親への思いを馳せながら、「（何も考えていないわけではなくて親が心配しているような将来のことや自分のことなど）意外といろいろ考えていたんだよね」と語ります。この語りは、その"場"の"間（あいだ）"に置かれました。誰か一人が受けとめて応答しなければならない、という圧力は取り除かれ、すべての人が、目の前に置かれている"語り"とほどよい"間（ま）"を保ちながら、自由に自分と対話をする余地が生まれます。そして、置かれた"語り"に対して、主体的な選択が保証されたのだろうと思います。

このAさんの語りは、もしかしたら学校に行かない息子を心配するBさんの思いを否定するようにも受けとめられる語りでもあったことに気づかされます。しかし誰もそうはとらえず、Bさん自身もそのように受けとめた様子ではありませんでした。むしろ、Bさんの心配に共感すればするほど、見えない暗闇に

第IV章　対等性をめぐって

入っていくような感覚から、光が差し込んだようにさえ思えた一言でした。

Aさんの語りによって、これまでBさんの気持ちに立っていたところから、息子さんの立っているところからの景色が見えてきたような感覚になりました。「いろいろ考えていたんだよね」も含めて、「息子の力を信じる」というダイナミクスが、その"場"とそこにある"間"によって生まれました。

これが、ピアサポートはリカバリーの構成要素として欠かせないものであることを裏付けるメカニズムと言えるでしょう。

その後、さまざまな"語り"が"場"の"間"に置かれていきます。どうしたら息子さんが部屋から出られるか、この場に来れるといいのにね、どうしたら来れるだろうか、Aさんと会って話せるといいね、という内容でした。Aさんはその"語りあい"の中に入らずにしばらく眺めていました。そして、ぽつりと「もっと気楽に考えていいと思うんだよね」と語ります。

経験のあるAさんだからこそ発せられる言葉であり、そのことによって、"場"にいる私たちは、ふーっと肩の力が抜けて周囲の風景が見えてきた感覚になりました。この言葉を、経験のない者が発したとしたら、どうなるでしょう。おそらく「やっぱりわかってもらえない」という気持ちになり、全く異なったネガティブな感覚を抱くことになるでしょう。経験者だからこそ語れる言葉があり、同じ言葉でも、言葉の持つ意味が変わるのです。

Aさんのこの"語り"は、この"場"の"間"に置かれると同時に、Aさん自身にも向けられていた、もしくはその"場"に置かれた"語り"をAさん自身も再び眺め、受けとめているように感じました。

"語り"は外側に向くと同時に、自分自身の内側に向いていると言えます。外在化した語りを再度、自らが取り込むことで、新たな意味や価値を持ち、その自分自身の"語り"を聴いて、さらに"語る"ということが生じるのは、"語り"のベクトルが同時双方向性を帯びているからと言えます。

この"場"の"間"に置かれることによって、主体的選択の自由が生まれる、つまりそれぞれがこの"場"において、「主体化」すると言えます。その互いの「主体化」こそが"対等"な関係の前提であり、"対等"の一つの要素とな

ります。

　同様の経験がある、同じ障害がある＝"対等"であるわけではなく、同様の経験の"語り"を"場"の"間(あいだ)"に差し出す（置く）ことで、自身の自由選択によってその"場"に主体的な参与が可能（相互主体的）となります。そのことが"対等性"を生み出し、また居心地のいい場（トポス）が構築されると言えます[15]。

4.3　視座：経験しているものにしか見えない景色、わからない世界観

　前述（本章1.2、64頁）した、身寄りを訪ねたものの被災地である地元に戻り避難所で暮らす人たちは、家を失い、家族を失い、悲しみという言葉では収まりきらない喪失感を語らずともわかり合える避難所に移ってきたのです。

　ここには経験しているものにしか見えない景色や、わからない感情、思い、世界観が確実に存在するということを認識させられます。言葉にならないつらさや、どうしようもない苦労が身に起こったときに、温かい布団やお風呂やご飯よりも、同様の経験をしているのだから何も言わなくてもわかってくれる、脅かされない、侵されない安心感を求めることを教えてくれています。

　今まで経験したことのない喪失感、悲しみを経験した場合、どのような言葉で表現していいかわかりません。何とか言葉にしてみたところで、理解されない、なかなかわかってもらえない経験をすることも多く、そうするとますます「語らない」「語れない」というプロセスを経ます。

　支援の場でも同様で、支援者という「経験していない他者」に出会い、言葉にすることを求められ、必死に言葉にしてみるものの、「言葉が通じない」という思いを抱くのです[16]。そのような経験から、経験していない者には「わかってもらえない」「わかるはずがない」という思いを抱き、語らなくなるという悪循環をたどり、経験者の思いは闇に葬られるということになります。

　経験しているものにしか見えない景色を共有するためには、何らかのかたち

で表現することが必要となります。それをロールモデルとなって語り、表現しているのがピアサポーターだと言えます。彼らは自らのつらかった経験、苦労の経験を言葉にして語ってくれます。精神障害、発達障害、性的マイノリティなどスティグマが存在する経験は、本人のみならずその家族も語ってはいけない、知られてはいけないこととしてひた隠しに生きている方が少なくありません。そうすると、自分たちの苦労を語り伝える言葉を持ち得ないのです。

　ピアサポーターによって、自分の苦労を堂々と語る人がいる、また自分の苦労を言葉にして表現する人がいることで、自分の苦労に言葉が与えられ、伝えることができるようになります。ご本人、仲間の語りを今度はじっくり聴き、彼らの世界に寄り添い、彼らが自らの言葉で語ることを、同様の経験をしている仲間だからこそサポートすることができるのだと思います。

　専門職者はそれぞれの専門職教育の中で、病気や障害に関する症状などの知識を学んでいます。しかしながらこれらの多くは専門職者から見た症状や状態、状況等を専門性に基づき客観的に表していることがほとんどです。そして、彼ら（クライエント）から見た世界ではなく、無意識のうちに自分たち（専門職者）の世界の共通言語である専門用語に置き換えて理解していたのではないかと自戒を込めて振り返ります。そのために「言葉が通じなかった」「理解してもらえなかった」というズレが生じてしまうのです。経験していない者、とりわけ支援者や専門職者は自戒し、当事者からはどう見えているか、どう感じているか、見えない世界に寄り添う営みと見えない世界があることへの自覚を持たなければならないのではないでしょうか。

5. 「対等性」をめぐって

　柏木先生のソーシャルワーク理論における"対等性"と、ピアサポートにおける"対等性"の交差する地点を探ってみたいと思います。

5. 「対等性」をめぐって

5.1 「対等性」再考

あらためて、「対等性」がなぜ支援において議論され、また重要視されるのでしょうか。「対等」であることは「よい」こととして、また「あるべき姿」として、当たり前に私たちは教育を受けてきました。私自身も実践において何の疑問もなく対等であることを目指していました。

しかし、そもそも「対等」とは何でしょうか？そして、私たちは本当に「対等」なのでしょうか？ もしくは専門性を高めることで「対等」に近づいていくのでしょうか？

このことを考えるきっかけは、私が大学院の中間発表会で投げかけられた質問でした。私はピアスタッフの特徴について、専門職者と対比し、クライエントと対等な関係性にあるという内容を発表しました。発表終了後、現場でソーシャルワーカーとして働いている大学院生が、怪訝な表情で「ソーシャルワーカーは対等ではないんですか？」と質問されました。私はその場では回答できませんでした。

確かに、私もソーシャルワーカーとしてクライエントと「対等」でありたいと思って実践していました。しかし、思えば思うほどに、私の中で疑問と葛藤が生まれてきました。

5.2 対談を振り返って

ここで、柏木昭先生が対談の際に私にお送りくださった「『かかわり論』の真髄を探る」の最新版（2022年、88-89頁に掲載）[17]と当日の対談内容をもとに対等とは何かについて考察を試みます。

対談の柏木先生のプレゼンテーションの最後に、私が2018年に大学院講演会にて話した（らしい）「ソーシャルワーク[も]ピアサポート[も]同じ地平にある人と人との関係性のことである」[18]（[ ]内は筆者による変更）とい

第Ⅳ章　対等性をめぐって

う言葉を引用し、私のプレゼンテーションにつなげてくださいました（第Ⅰ章、26頁）。

　私は正直なところ発言したことを覚えていないのですが、おそらく以下のような意図で発言したのだと思います。柏木先生は、ソーシャルワークにおいて、クライエントは（ソーシャルワーカーと同じ）「生活者」であると強調され、患者や障害者としてではなく、地域にいる生活者であり、同じ地平にいる存在として「直(じか)に向き合う」のだとおっしゃっています。このことと、ピアサポートにおける仲間同士のつながりは同じところを目指している、という文脈だろうと思います。

　柏木先生のこれらのソーシャルワーク論は"専門性"や"専門家"という文脈とは異なる立場をとられており、たびたび"専門性"について批判的に述べています。

　1977年の著書『社会福祉と心理学』の中で専門性について、「私たちが予想だにしなかった抑圧、差別に口実を与える根拠を作り出す部分がある。（中略）専門性というものが、<u>自らの視点の据え方如何により</u>、時には人を差別し、人を切り捨てていく道具になる」[19]（下線は筆者）と警鐘を鳴らしています。

　そして、「精研デイケアと私の成長」[20]の冒頭で、「皮肉にも現在の筆者の心境は、今回の特集で取り上げられた方向性である『専門家としての成長』というものと対極にあることを念頭において仕事をしているということである。その対極というのは、『対面する相手**クライエントと共にある**』という座標である」と述べています。

　柏木先生のいう「専門性」とは何か、私は柏木先生のソーシャルワーク理論で、ソーシャルワークの専門性を学んできた者としては混乱しました。そして、ついぞ先生に確認しないままこの原稿に向き合うことになりました。

　今回の対談が企画され、私が研究しているピアサポートに寄せて「対等性」を取り上げようと先生のご提案を受けたとき、大変驚いてしまいました。

5.「対等性」をめぐって

　対談の準備をしている中で、柏木先生より、「『かかわり論』の真髄を探る」（2019年版）を送っていいただきました。その冒頭、第一項目が「クライエントとの対等性をどう考えるか。ワーカーの仕事はクライエントに『何かをしてあげる』ことではない」とありました（2022年更新版参照）。

　柏木先生は、我が国におけるソーシャルワーカーの草分けであり第一人者として、1964年に日本精神医学ソーシャル・ワーカー協会を初代理事長として設立し、その後も協会活動を中心的に担っていきます。本書と同シリーズの第1巻『精神保健福祉士の専門性構築の経過とスーパービジョン』でも取り上げていますが、その矢先に起きたのが「Y問題」です。1973年4月6日第9回全国大会（於：横浜）にてYさんによりPSWに対して告発される、いわゆる「Y問題」が提起されました。これにより協会は混乱に陥りPSWの実践および専門性を反省的に見直す時期を経ます。この4年後に書かれたのが、先の専門性への警鐘です。その後、1982年第18回全国大会（於：札幌）において「精神障害者の社会的復権と福祉のための専門的・社会的活動を進める」という基本方針（札幌宣言）が採択され、倫理綱領や業務指針を制定することで「専門性」を担保する方針の中で協会活動が正常化されるに至ります。ですが、その後も柏木先生は上述のとおり、「『専門家としての成長』というものと対極にある」と述べ、その対極が、「クライエントと共にある」という座標軸だと述べています。

　当時のあるべき援助者像として、例えばフロイトは患者と医師が互いが主体となり対等になることを一貫して拒否し、分析家は中立的な立場を貫き、自分の姿を見せることなく患者の鏡になることを最大の目標とし、そのために不透明な存在として正体を隠してしまうことが理想とされました。また、ロジャーズは、自分自身の自己を一時的に取り払おうとする、自己を消去する、つまり無人格になることによって「クライエントの経験に入り込む」ことを可能にしようとしました。

　このようなあるべき援助者像は、チームの一員となるべくソーシャルワーカーとしてのあるべき援助者像にも影響を及ぼしていたに違いありません。

第IV章　対等性をめぐって

　柏木先生はその既存の援助者像に批判的スタンスをとったわけです。
　また、対談の冒頭で、対等性の追求について触れながら、「ソーシャルワーカーは治療チームの一員ではないことを闡明(せんめい)する」として、「身分は医院の一員でも、関係性においては医療チームから離脱を志すという矛盾の克服が迫られている」と述べています（第Ⅰ章、14頁）。
　また柏木先生は、多くの批判を超えて、一貫して「自己決定の尊重」を主張し続けました。その自己決定は「かかわり」の産物である（「『かかわり論』の真髄を探る」、10)）ことも合わせて強調されていました。精神科医療においては、非自発的入院という本人の意思に反して、まさに自己決定を無視した治療の導入が法的に認められています。こういう矛盾に耐え続けているのが、まさにソーシャルワーカーであり、それを矛盾として認識し続けながら、医院の一員として存在し、克服を目指すことが、ソーシャルワーカーの存在意義だということなのでしょう。なんと難しいことをおっしゃるのだろう、と思います。
　そして、先生がおっしゃる克服は、クライエントとの「かかわり」なのだろうと思います。「かかわり」はクライエントとの協働によって生み出されるものであることを私たちに伝え続けられました。
　「『関係』が成熟し『かかわり』（かかわり合いの略称）が成立する」（同、7)）とし、「とにかく一緒に進めるということを"かかわり"」（第Ⅰ章、13頁）と述べられています。『関係』が成熟する過程については、クライエントを同じ地平の「生活者」として、「自分自身の胸の裡(うち)を開いて、クライエントに伝えようとしているか、点検することが必要である」（「『かかわり論』の真髄を探る」、4)）「先ず、受容と傾聴が出来ているか自己点検する」（同、5)）「その上で、自己開示を行う」（同、6)）としています。
　フロイトやロジャーズが、援助者は不透明な存在、もしくは無人格な存在であるべきとするところ、胸襟を開き、自己開示をすることで関係が成熟し、かかわり（かかわり合い）が成立するとしました。
　また、柏木先生は、専門性は<u>「自らの視点の据え方如何により」</u>、人を支援することも傷つけることにもなりうるとし、その視点がまさに、「クライエン

5.「対等性」をめぐって

トと共にある」「クライエントの立っているところに立つ」ことだと強調されました。

　講演では、「クライエントとの間の"かかわり"の中で、だんだん"かかわり"が醸成する、熟成してくる、その中で初めて可能になるのが自己決定」だとしています（第Ⅰ章、19頁）。

　そしてこの醸成、熟成の"時間"をカイロス（ちょうどよい時間）とし、一人一人その「ちょうどよい」時は異なっているということも強調されます。「徹頭徹尾、個を大切にする」ことを至上の理念としていこうと、未来形で語っています。

　先生は、96歳になられてもなお、新たなことを取り入れ、自己批判を辞さない発言をし続け、そのことを含めて新たな自身の「かかわり論」「自己決定論」を改革し続けていました。

　ここで、ピアサポートにおいての"対等性"をもう一度考えたいと思います。

　三野宏治は、調査を通して、当事者は「対等であると困る」「対等であると専門家の意味がない」「専門家は少し上から見てくれないと安心して相談できない」という声を紹介しています[21]。一方で私が日頃ピアサポート活動で聞く声は、「○○さん（スタッフ）は壁がなくて、私たちと一緒の目線で考えてくれる」という声もよく聴きます。壁はないほうがいいけど、対等でなくてもいい。なかなか難しいことです。

　ピアサポートはこのように当事者の声から考えていきます。対等であることは必要なことで、当たり前に目指すべきものではなく、すべてのプロセスにおいて当事者の方たちと一緒に考えていくということが、ピアサポートのスタンスであり、そのこと自体が"対等性"が結果的に創造されることになるということを、対談の際に述べました。

　このことは、「クライエントと一緒に考えていく」とする柏木ソーシャルワーク理論となんら変わることがないということに気づかされるのです。「支援する―される」という関係性ではなく「クライエントと共にある」のであり、

83

第Ⅳ章　対等性をめぐって

無人格になったり、不透明な支援者でいるのではなく、自らの胸襟を開き、自己開示する、「自分を活用する」のだと述べています。そして、医療チームから脱し、役割から自由になることで、クライエントと直に向き合い、個を大切にし、一緒に考えて取り組んでいくことができるとしました。

柏木先生が、いかに既存の、もしくは伝統的な"専門性"、"援助者観"と対峙し、自己否定をも辞さない覚悟で批判的なスタンスを取り続けてきたかを思い知ります。

そして、これらの挑戦的なソーシャルワーク論を、私を含めて多くのソーシャルワーカーが、「ソーシャルワークの専門性」として学び、次なる後進へと伝えていっています。

そのため、柏木先生の「『クライエントと共にある』という座標」が、専門性の対極として先生の中で整理されていることに、私はやはり混乱を覚えるわけです。その私の混乱は、限りなくピアサポートが目指すありようと変わらないという混乱でもあります。

私は、「かかわり」と「つながり」について、ピアサポーターらによる見解を紹介しました。そして「かかわり」は一方向的で、「つながり」は双方向的であるとともに、その主客が可逆的であることを述べ、「かかわり」から「つながり」へと展開するのだと述べました（第Ⅱ章、31、41頁）。実は、このことを発表することは私にとり大変勇気のいることでした。そして、対談の中で、柏木先生はこのことを取り上げられました。「『つながり』ってとてもいい言葉だなと思って聞いておりました」と前置かれて、牛津先生の相互主体性を引用されて、私に質問されました。私の回答に対して「「逆転」っていうものに価値がある、意味があるわけですね」と確認されています（第Ⅲ章、46頁）。

そのとき柏木先生は反論もせず、また自身の理論を再度力説されることもありませんでしたが、「かかわり」は「かかわり合い」の略称であり、双方向であることを前提としており、「とにかく一緒に進める」ことを"かかわり"としていますので、そのプロセスにおいては、主客が逆転することは想定済みだったのではないかと思います。

講演の中で、「ソーシャルワークにおける対等性っていうのは当たり前のことなんですけれども、現実は対等ではないから対等性について私は話したいと思っているわけです」と述べられました（第Ⅰ章、17頁）。

　大学院の中間発表会で後輩からの指摘に答えられなかった私は、実践の中で対等になりえないことを実感し、諦めたのだと振り返ります。そして、その光明をピアサポートに見出し、現在の研究に至っているのかもしれません。「現実は対等ではない」からこそ、一緒に考えていきましょう、という柏木先生は、生涯を通じて諦めなかった、希望を持ち続けていたのだろうと思います。

　かつての伝統的な"援助者観"や"専門性"とは距離をとり、声高に批判することなくひたすら、自身のソーシャルワーク論を問い続けられました。柏木ソーシャルワーク論における対等性とピアサポートにおける対等性は、当たり前のことではありますが、同じ位相にあったということを再確認する対談であり、本稿となりました。

注

1）　筆者が埼玉県上尾地域の方と共に2010年より開始した講座で3日間のプログラムで構成されている。テキストとして相川章子、ピア文化を広める研究会『ピアサポートを文化に！』（コンボ（地域精神保健福祉機構）、2021年）が発刊されている。
2）　相川章子「ルポ：今もなお、揺れ続ける中越——災害時における心のケアと生活支援を考える」、『聖学院大学総合研究所 Newsletter』Vol.15-1（1）、2005年、19-25頁。
3）　K.H.「ほっしゃんのリカバリーストーリーと精神性を数段高めてくれたピアサポート講座とWRAPそして支援者メッセージ」『平成24〜26年度ピアサポート講座 in 上越』上越圏域障害者地域生活支援センター、2015年、142頁。

第Ⅳ章　対等性をめぐって

4）2023年度秋田県ピアサポート研修フォローアップ研修（2023年12月19日）Kさんリカバリーストーリー資料より。

5）相川章子「ピアサポート／ピアスタッフの歴史的展開と発展可能性」、『精神障害とリハビリテーション』26、2022年、126-133頁。

6）P. Solomon, "Peer support/peer provided services underlying processes, benefits, and critical ingredients," *Psychiatric Rehabilitation Journal*, 27(4): 392, 2004.

7）相川章子「ポジション理論から捉えるプロシューマー（連載リハビリテーション関係論への招待 第10回）」、『精神療法』38（3）、2012年、385-395頁。

8）Jack McManus, A model for school / community interventions with high school student paraprofessionals（proceedings of the conference）, 1984 Annual Conference of the American Educational Research Association（AERA）, 1984 New Orleans, LA, *Diversity within a Union*.

9）ピョートル・クロポトキン『相互扶助論』〈新装〉増補修訂版、大杉栄訳、同時代社、2017年。

10）Sonya Thomas Vassos, "The Utilization of Peer Influence," *The school Counselor*, Vol.18, No. 3：209-211, 213-214, 1971.

11）Chyrell D. Bellamy, Anne S. Klee, Xavier Cornejo, Kimberly Guy, Mark Costa, & Larry Davidson, Peer support for people with psychiatric illness: A comprehensive review, In C.A. Tamminga, E.I. Ivleva, U. Reininghaus, & J. van Os（Eds.）, *Psychotic Disorder: Comprehensive Conceptualization and Treatments*, Oxford University Press, 2021.

12）國分功一郎『中動態の世界——意志と責任の考古学』医学書院、2017年。

13）「検討テーマに係る関係資料（意思決定支援ガイドライン）」厚生労働省社会・援護局地域福祉課成年後見制度利用促進室（令和3年6月2日）、<https://www.mhlw.go.jp/content/12000000/000786189.pdf>（2024.12.2確認）。

14）國分功一郎、熊谷晋一郎『「責任」の生成——中動態と当事者研究』新曜社、2020年。

15）"間"について考える際に、木村敏『あいだ』（弘文堂、1988年）を参照した。

注

木村は、「人間は人と人との「あいだ」に生き、「あいだ」を生きている」「人と人、私と他人が出会って互いの「あいだ」を確認し合うのは言葉によってである」（155頁）としている。

16) 相川章子「ピアサポートにおける対話」、『精神科治療学』37（10）、2022年、1117-1122頁。

17) 柏木先生が作成された「『かかわり論』の真髄を探る」は2018年12月30日に作成され、その後2019年5月21日に改訂され、本対談時は2019年作成版を参照していたが、その後、2022年5月21日のものが最終版となっている。最終版は「かかわり研究会」（於：目白大学、井上牧子教授・西澤利朗元教授らにより開催）において共有されたもので、研究会主催者の井上牧子教授より送っていただいた。（本書88-89頁）

18) 相川章子「ピアサポート研究から見えてきたソーシャルワークへの示唆」（聖学院大学大学院主催　特別講演会「ソーシャルワーク実践への省察」2018年5月19日開催）。

19) 柏木昭「働きかけとはなにか」（第七章　働きかけ、第一節）、柏木昭、越智浩二郎『社会福祉と心理学』一粒社、1977年、204頁。

20) 柏木昭「精研デイケアと私の成長」、『精神科臨床サービス』9（1）、2009年、136-139頁。

21) 三野宏治「精神障害当事者と支援者との障害者施設における対等性についての研究──当事者と専門家へのグループインタビューをもとに」、『立命館人間科学研究22、2011年、7-18頁。

【資料】

「かかわり論」の真髄を探る

聖学院大学総合研究所

スーパービジョン・センター顧問　柏木　昭

1）　クライエントとの対等性をどう考えるか。ワーカーの仕事はクライエントに「何かをしてあげる」ことではない。
2）　クライエント自身の責任性：自らの課題に対し自分自身、いかなる"身辺処理"をしてきたのか。
3）　ソーシャルワーカーの仕事について、問題を抱えているクライエントが何かをしようとするクライエントを支持するのがワーカーではないか。
4）　その上で、ソーシャルワーカーが率直に自分自身の胸の裡を開いて、クライエントに伝えようとしているか、点検することが必要である。
5）　先ず、受容と傾聴が出来ているかを自己点検する。
6）　その上で、自己開示を、行う。
7）　「関係」が成熟し「かかわり」（かかわり合いの略称）が成立する。
8）　ワーカーとクライエントの間で対話（≠教示・指示 etc.）が可能となる。
9）　クライエントにワーカーの支持を感じて受け止め、自己決定生起の気運が見られる。
10）　クライエント自己決定は「かかわり」の産物である。
11）　カイロス（kairos ちょうどよい時）が来て、かかわりの熟すのを見る[i]。
12）　ワーカーとクライエントの間で、協働が可能になる。
13）　資源開発や活用はクライエントとの協働による。看護師や福祉事務所等との連携は協働とは言わない。それはクライエントとの協働の成果である。
14）　地域包括支援とは何か：病院・施設の相談室から飛び出て、地域におけるクライエントの生活支援事業所を創設しよう。これをトポスという。

15) 地域社会の通念として精神障害者に対する偏見、差別の実態を知る必要がある。
16) クライエントの主体性尊重が意味を持ってき、対面・集団での「かかわり」形成が可能になる。
17) ここに対面・集団での面接において、クライエントとの対話が可能になる。
18) SV（スーパービジョン）関係はクライエントとの「かかわり」とパラレルの相関性を持っている。
19) SVRの姿勢は上司としての関係にあるそれではない。SVRはSVE業績管理にはタッチしない。
20) SVRはSVEに対し、支持に徹する。
21) 精神障害、精神病等は遺伝・幼児期決定論等、個としての要因のみでは解明しえない。
22) 個としての精神病理（特に診断名）については批判的視点を持つ。
23) ワーカーは「人と状況の全体性（力動的関連性）」を重視する。状況には家族関係、地域社会、時代の文化的要因等が含まれる。
24) 精神病理や特に診断名は過去の事態である。（there and then）
25) ワーカーは「ここで、今（here and now）」のクライエントをあるがままに受け容れるのである。

　　　　　　　　　　　以上　2018/12/30、2019/05/21、2022/ 5 /21改訂

---

i　カイロスと対称的な時間概念は「クロノス xronos」である。クロノスは例えば、「今何時？」のように時刻を指定する使い方とか、「何時何分から何時何分まで何時間何分だ」というように計測できる時間の使い方である。クロックはクロノスからきている。

第 V 章
"対等な関わり" "ピアサポート" へ
——その概論としての小さな試み

牛津　信忠

　私たちが対等な関わりを福祉行為において形づくっていこうとするに際し、どのような関わりのあり方が求められるのか。これを問うていくことにいたしましょう。そのことが、第一部でピアサポートに向かう「対等」を基軸とした福祉の道としてお二人の先生方がお話しになった内容を一層明確にしてくれることでしょう。

1. 対象性ということについて

　ワーカー‐クライエント関係という言葉を使うに際し、ワーカーとクライエントの間、その間柄の中に「対等」という視点を置いて考えていくと、そこに明確にしておかねばならないことがあります。それは、そこにある相互に対象化という関係性がどのように形づくられるか、という内容に関わります。社会福祉ではクライエントを対象化しない、対象化を避けようとする方向性をいつも保持しています。それはなぜなのでしょうか。それには、対象化による関係性において生じる状況が人の可能性を阻害するということが関係しています。対象化をすると本当の対等性を形づくることができないからです。

　そのことに関して、私たちはマックス・シェーラー（Max Scheler）により、「対象化」という言葉を通じて「物化的対象化」[1]という対応のあり方を教えられます。上に述べたシェーラーのいう対象化とは、私たちの福祉領域で捉えると、一定の関係を持つ人との関わりそのものを意味するのではなく、その関わりが物化的対象化に終始することがあることに注意を促していると理解できる

でしょう。クライエントという言葉は、人を何らかの相手として把握し、支援を待ち、専門的対応を待つ対象存在とする、という意味を持っています。しかしそのように結果的に「物化的対象化」してしまうと、クライエントの方、問題を抱え生活のしづらさの中にある方のさまざまの状況に物に対するように関わり、それを操作し、置かれた状況から離脱させようとする——まさにさ・せ・よ・う・とするという視点がまかり通ってしまい、どうしても専門家という立場の人それぞれの中に、クライエントの上に立っているかのように対応するあり方（危険）が生じてしまうことになります。そういう状況を乗り越えていき、本当にその人の「存在の価値」という立場に立って、人間の存在価値の平等性、そして存在価値を保持するゆえに価値を発揮する力があるということを大前提にして"かかわり"を持っていく。そういう人間と人間とのあり方を、シェーラーの説く言葉の内実に従い「**存在参与**」[2)] と表現しておきましょう。またそれを、存在にそれぞれが参加し与（あずか）らせていただいて生き合っていくことと理解しておきましょう。そうした関係性のあり方について「存在参与」という言葉を用いているのですが、**人の存在に参加し、相互に影響を与え合って行動して**いくというあり方は、第一部のお二人の話の中からもくみ取っていくことができる関わりのあり方だと言えると思うのです。そうした関わりによって、ワーカー‐クライエント関係は**実り豊かな相互性**を形づくることになるのではないでしょうか。本当の存在参与のためにはどのようなことが必要なのでしょう。そのことについてもう少し話の軸芯に触れていくことができると思います。

2. 「物化的対象化」に内在する自己中心性

先に述べた「物化的対象化」という関係性ないし関わりにおける対応には、自己中心性があると言えるでしょう。その自己のための行為は効用（ないしメリット）優先性を導き出すことになります。そこで、自己中心性を考えていくことから始めてゆきましょう。その思想の根底には効用（メリット）優先主義があります。つまり、自己の立場を軸芯にしてクライエントを捉え、その人を

2.「物化的対象化」に内在する自己中心性

操作の対象として、状況の改善という操作の果実を実現させようとする。それは効用を生み出す行為となっていきます。そのメリットは、現在の社会適合的な状況に利をもたらすという働きの形成、という方向を持つことを求める行為につながるのです。

このあり方に対してはさまざまな議論があります。効用と言っても、それが人間そのものの持てる能力の発揮というような前向きの方向をもたらすあり方もあるでしょう。頭に浮かぶのは、効用優先主義とされる改善・改革行動について近年「潜在能力説」で著名なアマルティア・セン（Amartya Kumar Sen）が指摘する内容です[3]。ところで、こうした人間のより良き存在ということに関する議論は、経済学の開始の時点から実はあったのです。それはアダム・スミス（Adam Smith）にまでさかのぼることによって理解できます。自己愛、自己利益を重視したとされるアダム・スミスですが、彼が自著『道徳感情論』で言おうとしたことに目を向けると、彼の主張は、効用といっても効率の優先ではなく、「慎慮」（深く考慮すること、気をつけて考慮すること）であったということがわかるのです。慎慮していき価値づけを探っていくと、良き生き方、善なる方向をたどるあり方の価値づけが可能になります。それには互いの関係性の中で共感することが必要であること、さらにそこでは、人間行動の倫理的あり方を求めることが大切にされることになるのです。スミスもセンも経済学者ですが、こう見てくると、経済学者である前に倫理学者であったと言えるのです。まさに人間の可能性、潜在性をも含めた存在価値の発揚や高揚を原点に思索をしていたと言えるのです。その発揚という意味の効用を可とするのですが、しかしそこにおいては、自己という存在に固執した利につながる価値高揚ではなく、**相互的な関係性の良化**であり、**相互的な価値高揚を重視**してゆこうとする状況形成が読み込まれているのです。したがってそこにある関係性においては、対象化、特に物化的対象化ではなく、対等な関係性が前提にされるということになり、それによる相互性が求められることになるのです。特に私たちが課題とするワーカー – クライエント関係を内容として考えると、人としてのそれぞれにおいて大切な存在に対し存在参与していくという、その相互性の

93

第Ⅴ章 "対等な関わり" "ピアサポート" へ

中でのあり方が根底から問われることになります。

3. シェーラーの人格論に添って考える[4]

　この議論をさらに深めるためには、第一に人格論に添って人格主体の捉え方を考える試みが大変有益です。前述のシェーラーに添って考えてゆくと、明確に人格の姿を捉えることができるでしょう。シェーラーは人格について解いてゆく際に、それは対象化して把握することができないとしています。彼のいう人格というのは、私たちがよく口にするパーソナリティの理解とは異なっているのです。つまり、性格ないしその根源というような内容ではなく、シェーラーによるとその人の本当の内実としての精神性を意味しています。さらにその人格こそがその人の主体であることを説いてくれるのがシェーラーの人格論なのです。したがってシェーラーのいう人格とは、自我ないしその中に含まれる性格を内容とする自己自身ではなく、**対象化して把握できない人の内面に精神性として流れる作用**である、と理解することができるでしょう。それはその人の中心にあり、その中心作用であり、他によって操作されるような浮動するものではなく、まさしく**その人の主体軸芯である人格主体**と言える存立態なのです。その位置から人は自分の周りを見つめ共存していくことができる、そのような**関わりの主体**なのです。

　このように解することのできる人格をシェーラーによって教えられるのですが、それは人間が能力として持っている、人間を超えた力によって備えられた、**自我を超えた領域までを視野に入れて捉えることができる、把握しきれない作用能力**であると言えるでしょう。今ここにある目に見える世界を超えた前方の主体から、今の状況を見つめ判断してゆく。そうして今という限界を超えていく。前方の主体（段階的存立・最終主体・愛による統合作用）から今を捉える。そのような果てしない能力です。**可能性として考えることのできる領域を人格領域であるとする**、と言えるのです。本当の科学というあり方があるとすれば、そこにある人、また事象を私たちの知力で捉えるのみでなく、現実の私たち

では捉えきれない前方からのまなざしのもとに捉え、精神作用でそれを直感し、それによって謙虚にその人ないし事象に接していく以外にない。シェーラーの説くところを出発点にして考えていくと、そのような理解へと誘（いざな）われるのです。この前方の主体との関わりによる導きによって、**限界のある断定によってもたらされる精神的内容ではなく、人ないし事象との相互性の中にある生ける主体との出会いから捉える**真実が教えられることになるのです。

　このように私たちは、特にワーカー‐クライエント関係においては、ワーカーの内的軸芯としての自己主体によるコントロール下にクライエントを置き定め、そこに成立する自己主観に即して判断する関係を維持していくのではなく、あくまで**自己の限りない主体への道とクライエントの限りない主体の道との相互的な関わりを作用化していく中にあって、相互的な関係性を築いていく**ことが必要になるのです。これを間主観性という言葉で表現いたします。言うなれば、相互主体ないし相互的人格主体という意味を持つとくみ取ることができるでしょう。対象化してこれという内容把握される人の内なる根底部分ではなく、すべての人に備わっている人格という内的作用性、発展性をいつも潜在的に内に包み込んで、生きるプロセスのさまざまな試みによってその発揮に到達しつつ作用的発揚・発展を続けることができるその人の本源――そこから人がその人として生きることができる主体そのもの――がそこにあると言えるのです。

4.　具体的事象の中で考える

　上に述べた「間主観」（人間の間柄における相互主体の関わりにおける真の存在性のありよう）の理解について、その範囲内で「自他未分化の体験流」（自己と他の人の分けることのできない体験のつながり）と「述語的世界」（状況としてある関係性のつながり、ないし、やり取り）について一言しておきます。両方とも具体へ達するための一般化の世界の説述と言えるでしょう。それぞれの分化、特殊化によると言える主語の発生から自我主体へと展開は進んで

第Ⅴ章 "対等な関わり" "ピアサポート"へ

いきます。私たちの日常における主語的存立体とは自我主体の世界へ、さらにその人格への飛翔としての存在参与へ向かい、出会いの連続、対話の世界を経て、そこから自他未分化の体験流が展開することになるのです。そこに生じる相互の関係性においては、相互的に存立する人格主体へつながっていくのです。この相互関係性における主体間の情況を間主観と呼ぶことができ、個々に働く、あるいは作用している状況を、「トポス」（相互に形づくる場の態様）と言うことができます。したがって、それは、人の置かれた状況説明と言える述語的世界の作用状況と言えるのです。次第にその作用を明確にし、作用的高度化をたどっていく統合力としての核という場の態様理解が可能となります。この態様として作用する場がトポス状況そのものと言えるのです[5]。第一部でお話しくださった柏木先生の「トポス」の意味づけを私たちはこのように捉えています。「トポス」とはこのような関わりの場そのものなのですね。

　人ないし事象の自己利益優先をし、そのために対象化を進め、人をコントロールしていこうとすると、その人の本当の存在価値にたどり着くことができません。そこに真に求められるのは、間柄における互いの相互主体を求めることなのです。そのことは第一部で先生方が解かれた"かかわり"の中で示唆されたように、「**真に生き合うあり方を求める**」ことを意味します。私たちもこのことを再び確認していくことができます。それは間主観性を保持することであり、それはまた相互性の中の存在参与を尊び合うということになるのです。さらに言うならば、**相互の人格を主体的に尊び合い、相互人格的に相互主体性を求め合う**ことなのです。

　この段階でさらに議論を深めて、存在価値（存在するあらゆる人が持つ価値）に添って間柄を作り合う個々人のあり方に触れていきたいと思います。そのために先人が示してくれた具体例を引かせていただくことにします。それは、「**この子らを世の光に**」という思想であり、正確に伝えたいのは、「この子らに世の光を」ではないということをポイントに福祉の道を歩むことそのものです。私たちが目指すのは、「この子らを世の光に」ということです。この子らの中にある可能性、能力を発揮して生きることのできる道を探っていく、その

4. 具体的事象の中で考える

行為の連続の中にあるのは**人間が持つ潜在的な力への歩み**であり、その道の中に光に満たされる歩みが示されていきます。

　この歩みの中に築かれる関係性は、社会の大きな交わりに続く光を感じさせます。単に前にいるワーカーという立場の人のみならず、社会全体が共にあるという状況が光として感じられます。そこまでの広がりを持って初めてこの言葉が社会に生かされる。それによって、生きづらさの中にある人間が、自己自身が物としてではなく生きにくさの中にある人の軸芯にある人格としてワーカーと接触して、**共に生き合っていくという確信が魂の底から感じられ、形づくられる**。それは再びシェーラーの発言に添って言うと、人格としてその人自身が捉えられるという状況が感じられるということです。前述のようにシェーラーはこの人格を対象ではなく作用として把握しています。作用は人の底流を流れているその人自身の精神存在そのものです。形ではなく内実としてその人の生きている特性のありようとも言えるでしょう。

　現社会状況のもとでは、「障害」ないし「障害者」等として捉えられますが、実はそれぞれに大きな能力を保持しており、角度を変えた条件設定次第では、見方が大きく変わってきます。これは、障碍を障害としないノーマライゼーションによる、社会構造・機構、環境等の良化によって可能となっていくことになります。障碍状況という生活に関わるギャップの存在は、生きにくさ克服のための研究促進を通じ、工学的、医学的等の発展という学的技術的発展に必須とされる努力により、生きやすさと可能性の発揮を築き上げていきます。その例として多くの実例を取り上げることができます。また障碍が重度であればあるほど、その対応領域は大きく、それへの対処を課題として与えられていくことにより高度化貢献力は大であるとも言えるでしょう。さらに、志向性社会の開発を助ける、ワーカーがクライエントにより成長させられる、人間的高揚が与えられる、相互包摂性の高揚による相互的存在の安定性保持、等々・・・が存在することを取り上げることができるのです。

　上に述べた、きわめて宗教観に富むよく知られた言葉を再び挿入させていただきます。「この子らを世の光に」というこの言葉は、福祉の世界でよく知ら

れた糸賀一雄(1914-1968、知的障害児・孤児収容施設「近江学園」、重症心身障害児施設「びわこ学園」創設)の言葉です。この糸賀の言葉は知的な遅滞情況にあるとされる人々を中心として念頭に置いたものでしたが、この言葉はその状況にとどまりません。ワーカー‐クライエント関係、さらには困難を抱える人々を取り巻く人々とのすべての関係において言えることです。困難を抱える人々を世の光として、成すべき事柄を探り、それを途として照らし出す光をそこに発見していく。「困難を抱える人々」を私たちの行為の導きの光として共に生きることを求めるのが、この言葉の真意と言えます。

　「困難を抱える人々」、この言葉は日常から非常なる事態にあることを余儀なくされている人々すべてに使用可能です。多くの差別、偏見にさらされている人々、今日のこの時を生きることに絶望を感じている高齢者、精神的な多くの重荷で一瞬を生きることにも息苦しさを感じる人々、いじめ暴力に悩む人々、現代の貧困問題に押しつぶされそうになっている若者たち等々、こうした人々すべてが本当に人として喜びを持って生きていけるような支援やあり方を作り上げていく起点として、人を見つめる視点を私たちに告げ知らせてくれます。人が生きづらい困難性から離脱可能なそのような環境を、人間関係を、また制度を作り上げていく。必要なことは何かを私たちに告げ知らせる役割を、何をすればよいかを私たちに知らせる**導き手の役割を、この生活上の生きづらさという困難性に直面する人々、困難を抱える人々が担っている**。その意味で私たちが行く途、進むべき途を照らす光の役割を担っていると考えることができる。私たちが「生きづらさを背負う人々」を世の光として見つめ、そこからその人ないし人々の生きやすさを目指してなすべきことを道標(みちしるべ)として明確につかみ取り、それを実行していくことが原点となってはじめて、困難の中にある人々を光とする支援のあり方が真に現実化していくことになります。それはまさに、その人々への存在参与であり、共遂行です。そうした存在参与のあり方によって、バリアフリーも、福祉制度も、人の支え合いも、コミュニティも、町づくりについても、さまざまな困難克服の方途について、本当に人の生きやすさにつながっていく途への試み、あるいは改善の歩みという前進になっていくこと

になることは言うまでもありません[6]。

　これが、福祉次元におけるエンパワーメントやストレングスという語句を超えた、リカバリーという本質への帰還と言えます。この回帰の中にある本質を分析的に検証していくと、そこにおいては、社会的側面からの役割を探るために、その志向を方向づけるとともに、個的な福祉次元における**相互的関係性の共に生き合う志向の方向づけをも内包している**ことを知ることができます。総じて専門的見地において、本質としてこの志向性を堅固に維持することによる本質的状況対応力の維持が可能になっていく、ということができるのです。それは、愛の趨勢的動向として前述のシェーラーの認識に明瞭に表明されている内容でもあるのです。究極における「神による愛によって人間愛の表出を可とする」、として意味づけられる福祉次元においては、そのプロセス内に人格論的実質を捉えていくことができます。

　言うなれば、「世の光」として**相互に人を人格的に見つめ、形として把握できない人格に相互存在参与していくことによって、自己の内側に対して、他の存在性に対して、社会的存在性に対して共遂行する**こと、それは相互包摂とも捉えることができるのですが、その実質が人間社会全体に広がってゆきます。この自我から人格までに至る相互包摂の途が生きられることによって、そのことを告げ知らせ、照らし出すことができるのです。そこには前述のシェーラーが示した「精神的人格中枢一般が人間性の中に全体として存在し満ちあふれる」状況が志向のプロセスにその密度を高めながら存在することになると言えるでしょう。

　この「精神的人格中枢の充満」とは、人間存在にとっての本質存在のまさに神髄とされる状況です。それはまさに人格主体という統合性の作用化として、見えない動きの中で顕現（表現）されていく動向です。しかしその本質は、確実に自我段階から発して人格へと続く途において発見できる連続性の要にある軸芯そのものです。それゆえにとも言えるでしょうが、ここに達するには至難性を越え続けることが必須となります。したがって、この途はその困難性ゆえに飛翔の彼方としてしか受け止められない。この方向性が存立することは理解

が可能であるとしても、その途は現実的な諸条件のもとにおいては矛盾に満ちており、ことさら現実に照合すると、それは現実諸条件の個々とは連続性を保持することのない断絶の彼方にあるとしか言えないかもしれません。しかし福祉的実態においてはこの途に本質があると言えるのであり、その本質ゆえに福祉実践はその存在理由を保持しているのです。

しかしそのプロセスでは、その困難性ゆえに現状の波に押し流される事態に翻弄されているという状況にあります。実態は本質を否定しきれないという理論上の言説がこの本質還元のささやかな杖となっているのですが、限界を露呈することが多くあります。それでも**否定できない方向性は志向性の道標**となっており、段階的な歩みは途切れながらも絶えることはない。これは矛盾的に見えながらも連続しているという実際の状況であり、見えない予想にしかすぎない現状において予想的に把握可能な位相的連関（繰り返される現象の特性状況の関係性）であったとしても、その理論上の方向性は、**現実とその彼方が連続している**という実態を教えてくれるのです。そこには帰還を待つ本質への途があると言えるでしょう。

この困難な途への帰還は、まさに福祉論にいう支援的対応におけるリカバリーそのものであり、それを徹底していくときには、**現社会事象についての根幹からの問い返しが求められる**ことになります。それは、社会そのものの本質回帰を内包しています。単なるすべての希望をかなえるという過保護的方策でもなく、また経済状況の限界ゆえの放置でもなく、人間と人間との社会と社会との、さらには国家同士の相互参与、共遂行の途の懸命なる模索の中から導き出される途がそこにあるのです[7]。

5. その人の軸的存立に添って歩んで行く

この議論を進めるにあたり、人間の生命の作用とともにその流れ行きを目指す前方の目的性、ベクトル性のもとに説いてゆかねばなりません。上に述べてきた**存在価値や存在参与の方向性を明確な目的性のもとに把握しておかねばな**

5. その人の軸的存立に添って歩んで行く

らないのです。その議論をするに際し、「水瓶（命の水＝人の生命そのもの）を運ぶ人の後について歩む」という意味合いの言葉に触れておくことにいたします。それは命の水を運ぶ「その人」に添って歩む生き方が指し示されている言葉にほかなりません（新約聖書マルコによる福音書14章12―16節）。それはさらに、人の赦しのために祈るその人となることをも意味しています。人が自分のためにしか生きることができず、その生き方は絶えず人の赦しを必要とする。人の赦しを得るためには、徹底して人のために自己を捧げることの価値を受け入れる以外にない。そこでは、自分のための利益を求めるのではなく、つまり利ないしメリットを求める人の生ではなく、**人それぞれの良き方向づけをもたらしうる、可能性の発揮（自己実現）につながるその人の命の輝きをもたらすと言える行為が必須**になっていきます。それによって人との関わりにおいて対等であり、互いに仲間として生き合う道を歩むことができるようになるのです。そのために、考えておくことが必要とされるいくつかについて述べておくことにしましょう。

　それに関わる事柄の一つとして、先に触れた効用の議論に加え、2つの効用について述べることが役立つと思います。1つ目として、経済的自利的効用であり、社会的に経済的に利をもたらそうとするこの効用は、内面深くの満足というよりも、社会的経済的にこれまでよりも利益を増し加えることができることを示します。2つ目は福祉的効用について述べねばなりません。個人における価値の発揮をなすことをここでは考えておかねばなりません。それは個的喜びをもたらす効用と言えるでしょう。これについては個々人にとっての喜びにつながる内容が取り上げられることになるでしょうが、そこには**価値の発揮のための働きかけの継続、状況ないし環境および制度の形成**がなければなりません。それによって経済的利益につながることがなくとも個人の能力発揚、可能性の発揮が可能になり、個人の心の満足につながる効用形成という結果が生み出されていくことになります。前者は経済的 more & more（もっともっと）の世界に結果するのみであり、この方向性に添うと人を利のために役立つように操作することになるでしょう。これに対して後者は、福祉効用によって

のみ、間柄を通じてクライエントは内的な充足への道に立つことができます。そうして相互的な効用が生み出されます。間柄の中で効用が共同作業として築かれるのです。そこには間主観的存在参与の成立があるのです。そこに目には捉えることができないけれど、相互主体化、関わりを持つ人間同士が互いに主体となるようなあり方が成立してゆく。これは土台としての共感共同が必要だと言えるでしょう。その方向が経済的社会的利益にもつながることが望ましいでしょうが、まずは、その一人の人としての心の充足が求められることが大切でしょう。**何を目途とした関わりなのかを絶えず問い、人の可能性の発揮によってその人の喜びが堅持される方向をたどり続ける。**その広がりが社会全体を変えてゆく、福祉効用の実現に向かい広がりを持って求め実現する福祉経済を軸にした体制が絶えず求められなければ、福祉の本当の達成による人同士の対等性のもとに人間福祉につながっていくことはないでしょう。

6. 洞窟から出て明るみの中でものを見る

　福祉的効用を求め私たちの働きを開始していくにあたり、人や社会状況を見る自らの位置とそこにあるものの見方を見定めなければなりません。
　プラトンの著書『国家』を紐解くと、その中に「国家」について説くにあたり、プラトンは基礎論と言える価値判断の基準に関する「イデア論」を説明するために洞窟の比喩を用いています。イデア論については同意しかねるところも多々あるのですが、同意できる範囲内で議論を以下に引いておくことにします[8]。
　プラトンは人間が捉えることのできる世界は世界のすべての形ではない、これは言うまでもないことです。例えば、洞窟に捕らえられている人は自分の背後や周囲にあるものに気づくことができません。しかし、この洞窟を出て自由になった人は真実を知り、自分たちが置かれた状況を洞窟の中にいる人に伝えるが、人々はこれを信じることができない。プラトンは自らが捉える世界の限界に気づくことは容易ではないことを説こうとするのです。自由になった人と

なるのか、洞窟の中の囚人のままでいるのか。洞窟の中で身体拘束された人、その人が見ている視界、限られた洞窟の世界。身体拘束から自由になり洞窟を出て全体を見る。この比喩的な言葉は、そうして洞窟へ戻り全体世界を伝えることの意味を私たちに教えてくれるのです。そこに良き状況が訪れることを説こうとする。このように限られた世界から自由になることが私たちにはいつも求められる。そのためにはどのようなあり方が必要なのでしょうか。このような問いかけに即して、もう少し深めて理解を進めるために、宗教的な関係性をも絡めて、科学と哲学の関連性および異なりについて語る必要があるようです。

7. 科学と哲学そして宗教的領域：
細かく分析的に、しかし全体を見渡して考える

　科学的なものの捉え方と哲学的な捉え方について、その関連性と異なりについてという視点で考えるとともに宗教についても触れていき、福祉につながる物の見方考え方をこの小論の題目に即して捉えていくことにしましょう。それによって人間の関わりが、またその対等な関係性がよりよく理解され、それが特にクライエント−ワーカー関係において共に問題状況を乗り越える存在参与し合う仲間同士について考える糧になっていくことでしょう。

　ここで科学や宗教、哲学というような内容を持ち出すのは、実践領域を大切にする私たちからすると避けたいと思う内容になりかねないでしょうが、しかし福祉領域というのは、科学的とされる医学や心理学とともにその底には人間学とも言える深い人間についての思想を含み込んでいます。人間学とは哲学にも通じますし、さらにはもっと深く**宗教的な人間の拠り所を解き明かす**ことを必要不可欠とする事柄を内容とすると言えるのです。前にも触れましたように、さらにこのことによって人間の内面深くにある可能性を見つめそれに光を見出していくことによって、**人間が直面する問題の解決へとたどり着く方途の道筋**にも近接できるのです。そうした宗教ないし宗教哲学とも関連していく思索により、人間存在の関係性の真の姿が明らかになっていくということにも触れて

第Ⅴ章 "対等な関わり" "ピアサポート" へ

おかねばなりません。

　しかし一定のそうした認識は持ったとしても、神や特定の宗教思想に終始する議論は一般性を大切にする福祉方途の議論では避けたほうがよいという意見もあることでしょう。そこで私たちは一般性を大切にしながら、今述べてきた深さに達する方途として次のような考え方を提示しておくことにします。それは言うなれば、**前方に進むという目的性を前提にして「絶えず思考を創造的に進める」**と総括できるあり方です。福祉の困難な道をたどるプロセスを前向きに進み、**諦めることなく希望を持ち続け歩み続ける**というあり方です。その先には永遠なる彼方に神の存在があるとしても、この果てしなく続く道は、それを歩み続けることに意味を見出すことができる歩みのプロセスであることが次第に理解されていくことでしょう。次に述べてゆく議論に宗教的な内容があったとしても、それは上述の前提をもとにしていることをここに強調しておきたいと思います。

　こうした前提のもとに、私たちは、「有機態の哲学」という立場に立つ数学者でもあったホワイトヘッド（A.N. Whitehead）の宗教に関する定義づけに触れることにいたします。これを前方に進むための土台として受け止めていただければ幸いです。彼は「宗教とその形成」[9]を論じた大学での講義録の中で、宗教を「内面を浄化する信仰の力」と捉えています。人間はこの「信仰に応じて発展する」とも言っております。なぜなら、人間の性格や生活態度の様態そのものが、「**内的な確信に依存している**」からです。人生というものが「内的生活」によって価値づけられ、それに依存している以上、そこにある何らかの確信によって人間の行動が規定され、生活が進められていくことになります。彼によると、この内的生活とは「現実存在の自己実現である」とも理解されています。**人間の自己実現は、この確信がなければ、それを土台にしなければ生まれ出ることができないのです。**人間は自分の内的存在を支える、そこからすべてが出発していく、その土台のもとに自己実現へと羽ばたき、それによって生きる意味や生きがいが与えられていくことになるのです。そのような土台として内的確信が与えられ信じることができる内面の軸芯が、宗教という言葉で

7. 科学と哲学そして宗教的領域

呼ばれる内実にほかなりません。こうして彼は、「宗教は人間そのものと、また事物の本性の永遠的なものとに依存するかぎり、人間の内的生活の技術であり理論である」という定義づけに到達していくのです[10]。このようにホワイトヘッドが示す宗教とは、人間が自分の潜在性を含む可能性の開花ないし自己実現を目指して現実に生きる中で、前方にある永遠性という方向性に則して内的生活を営もうとするときに欠かすことのできない生きるための技術であり理論であるとされ、彼はこのことを教示しようとするのです。彼は、人間の次元でそれを支えているのは信仰の力であると断言しています。

　私たちは福祉の領域で仕事を進めるにあたり、基礎的な領域で考えていくと、**このような宗教的な領域に立ち入って、心の深い領域でクライエントないし人そのものに寄り添うことを必要とする**のです。この方向性の究極、これは神と呼ぶほかないのですが、その神についてまでは同意できなくとも、前向きな希望を失わない歩みや確信についての議論には同調していただけることでしょう。この前方に向かって発揚されていく**人の潜在性を含めた可能性を前提にした前方志向的な歩みを諦めないという希望を実践の中で相互的に抱き続ける**。そのような希望を抱き続ける実践を支えるのは、きっとその道が実るであろうという確信、信じる力のような心の作用のありようだと言うことができるでしょう。その信じる力は絶えざる試行錯誤のもとにあるでしょうが、それをも**私たちの生きる道の方向性ないしベクトル性**に対する信仰の中にあると見なすことができることでしょう。そうであるならば、その方向が目指す道筋の行き着く位置が信仰の究極にあることは言うまでもありません。そこで、その信仰とは何に対する信仰であろうかとあらためて問いますと、当然それは進むべき方向性とともにそれが指し示す主体、すなわち誘いの主体に対する信仰と言うことができるでしょう。この主体が上に述べた神にほかならないのですが、この表現を一般化のために避けたとしても、究極的な主体であることを否定することは、ただ意味を捨て去る、言うなれば思考を止めることになるのみになるのではないでしょうか。

　主体という言葉を用いましたが、ホワイトヘッドはこれを厳格に捉えて位置

第Ⅴ章 "対等な関わり" "ピアサポート" へ

づけ、「自己超越体」と捉えています。すなわち、究極主体の位置づけの中に主体の明確な姿を見出し、「自己超越体」として受け止めるのです[11]。すなわち存在それ自身の自らを超えた存在、主体とは、自らの利益に即しそれに固執した状況から離脱して、本当の存在としての信仰上の究極にあるそのことを指し示す、と説くのです。ここにあるのは実在（本当の存在ないし主体そのものとしての存在）であり、この実在をホワイトヘッドは「原初的に創造された事実」であり、「永遠的諸客体の全諸多性の、無制約的な概念的価値づけによる存在」としています[12]。

大変難しい表現ですが、「原初的に」とは、本当にそこにあるべくしてある主体としての事実であり創造されたありようの根源と理解できるでしょう。さらに「永遠的諸客体の全諸多性の、無制約的な概念的価値づけ」とは、換言すると、常に存在する多種多様な存立態を許容する、あくまでもどこまでも自由である思考の根源に添って価値統合された存在、と理解できるでしょう。その「永遠的諸多性」と実在との間に一定の関係性があるとすれば、両者の連結関係性が明示されねばなりません。そのためには、比較の作用者がそこに存在しなければなりません。そこにはどこまでも自由である創造が価値づけの中に存在しなければなりません。それは創造性に即しベクトル性（方向を保持している状況）を持って問われ続けねばなりません。創造性が消失するところでは、前進の可能性が失われます。新たなプロセスは耐えざる創造性によって保たれていきます。**創造を伴う前進の歩みは、軸芯たるベクトル性、目的性と一致する連結状況として存在していくのでしょうが**、それは何に、あるいはどこに帰すことになるのでしょうか。それは永遠性の彼方にある統合性の完成と表現することができるでしょう。永遠性のもとにあるのですから、私たち人間はその統合性を想念（心で捉えること）によって把握するほかありません。さらにその統合性は、それぞれの個的存在を「抱握」（prehension）において捉える以外にないと言えるでしょう。この抱握とは、ホワイトヘッドの造語で、「関係づけられてあることの具体的事実」という理解がなされています。

ホワイトヘッドに即してもう少し明確に言うと、究極の包み込み、これ以上

ないという次元の彼方からの愛という作用、という理解が最も適切でしょう。それは神の愛とも表現することができるでしょう。私たちはこの関係性の中に生かされて現在を生きていると理解しているのですが、これにほとんどの場合気がついていないのです。しかしその気づきが生じることによって、この抱握の中に自分を置くことができ、自己の本来の姿を取り戻すことができるというのが上記してきた内容の解釈と言えます。まとめますと、究極において存在する「抱握」とは、それぞれを受け入れ包括することができる作用的根源、すなわち包括性の総合たる「愛」による成果作用としての統合性であると表現することができるでしょう[13]。

　私たちはこのような「対等性」を理解していく努力の中で、科学と哲学さらには宗教の議論を進めていく必要に迫られ、愛による統合性を関係性の包括の中にもたらすというあり方の受容にまで進んできました。そこからピアサポートという課題を追求する作業をも射程に入れ、思考を進めてゆきたいと思います。それによって、人間の生活のしづらさに発してそれに伴う生活問題の解決への歩みと、さらに一層の生活における自己実現の向上を目指すありようについて思索してゆき、最終的には**人への愛の究極と言える、人を本当に幸福へ導いてくれる方向（ベクトル性）**の導出を可能にし、さらには、人間が生きる土台たる社会の純化的広がりへと議論を羽ばたかせてゆく道に到達してゆきたいと思います。

　この行程は、シェーラーのいう意味における人格主義上の道につながると言えます。彼のいう人格という作用は、その究極への誘いを指し示す人間に備わるベクトル性の歩みの作用基軸であるからです。したがって、究極主体のもとにあって存在する主体そのものへの道になると言えるでしょう。

　以上をベースとして、福祉と宗教に関わる議論を科学的宗教の学びとして位置づけ、さらに人間が探究していく学問の要としてのベクトル的位置づけを与える論として堅固に言葉にしていきたいと思います。それにより、人間同士の対等性の中にあって、そのことを確信の段階にまで引き上げることができる人間福祉という理念へと前進していくことができるでしょう。そのためにはもう

第Ⅴ章 "対等な関わり""ピアサポート"へ

少し思索の前方にまで議論を深めていくことが必要です。

ホワイトヘッドのいう科学と宗教について触れていくと、両者とも、「生のままの経験を知的に正当化しようとする」とされています。ここには厳格な対象化があると言えます。そのもの自体の綿密な対象化によって、それ自体のありようを知性の働きによりそのまま捉えていこうとする。そうすると、シェーラーがいう対象化できないとされる人格の議論とは矛盾してしまうのでしょうか。そうではありません。対象化にはさまざまなレベルがあり、上述してきた議論の中で対象化と位置づけたのは、前に私たちが指摘したシェーラーがいう「対象化」を私たちの理解のもとに位置づけた「物化的対象化」あるいはそれそのものに近い領域世界にあるものであると理解することができます。それは確かに物質の流れであり、人間社会が今捉えている物の世界の事象がそこには存在します。それに対して、シェーラーがいう人格とは「作用」の世界です。人格とは現在人間社会において物質とするものとは異なります。もう少し内実を理解するために、ホワイトヘッドの言葉を用いますと、彼は「科学的関心は宗教的関心の変奏に過ぎない」と言うのですが[14]、そこに示される科学的世界とは本当の科学領域を意味しています。作用とは、ここに捉えられた変奏(主題に添って技術を駆使してさまざまな形で表現する)と表現される言葉と同じ領域に位置づく方向性を持つと言えるでしょう。これはまさに、シェーラーがいう作用とする領域の内実であると言えるでしょう。そこでホワイトヘッドのいう科学と宗教が位置づく領域というのは、変奏という表現で言い表されている作用領域にあり、作用次元の存在を指しており、これは物化的対象性(物あるいはそれに準じる存在性)とは異なる内容を示しています。

以上を前提にして、ホワイトヘッドのいう科学と宗教に言及していきますが、彼は、両者は「個人的経験の諸相」との「関わり」において異なっている、としています[15]。これに従いますと、科学は「経験において最初の相を形成する与件(前提として存在する領域)である……客体」を分析するとしています。これに対し宗教は、「経験主体の形成」を思考していくことなのだとホワイトヘッドは教えてくれるのです[16]。

このように科学と宗教は、経験との関わりのありようや客体また主体についての考え方において異なりがあるものの、進み行きのプロセスをたどるにつれすべてを包み込む宗教の与件性（前もって与えられた存在についての事実）の中に科学の合理性の軸芯をも統合した価値世界を形成することになっていくのです。この合理性ないし合理主義について、ホワイトヘッドは「聖書が」その宗教への侵入について「最大限に完全な記録である」と明言しているのです[17]。

 ホワイトヘッドに添ってこの世界における価値領域の考察をしていくと、それは宗教と形而上学（本質論、根本の学）のつながりについての議論へと展開していきます。彼は、宗教と形而上学との間をつなぐ価値について、科学と関連させながら、注18に示しているように言うのです[18]。

 こうした科学と宗教の統合とも言える科学的宗教は、合理性と具体、さらにプロセスをたどるために不可欠とされる創造に添って、人間の生存に関わる理念や方途、しいて言えば、生存における望ましい状態としての福祉状況、人間福祉をもたらすのです[19]。科学と宗教という、一見、水と油のような二者は統合を可能とします。それは「モノ」から「コト」への展開についてという一般性の高い議論に示された内容を紐解いてゆくことによって、より一層明らかにされます[20]。

 モノからコトへという存在の推移とは、現在、科学的とされる物化的対象化という物の把握領域から、その連続にすぎないように見なされながらも、永遠という前方への歩み行きの中に置かれる推移をたどるときに出来事へと「転移」していき、次第に「コト」として捉えられ、推移の中で神の存在領域との実質的な関わりが生じていく内容を意味するようになると捉えることができるでしょう[21]。それが可能になるためには、信仰という前進の技術が不可欠になります。信仰により想念という時間を超越した歩み行きがなければなりません。こう見てくると、次のようにも表現されます。「モノ」から「コト」へ、そしてさらには体系的に捉えると「情報」へという流れは、理解を容易にする「正の転移」と言えるでしょう。そこにあり続ける「出来事」の連続としての科学的事実と言える事象なのです。それは信仰によって事実に即した流れの継続と

第Ⅴ章 "対等な関わり" "ピアサポート" へ

して把握できる作用の様態として捉えることができます[22]。

その作用には、流れの動態を可能とする創造性が付加されていかなければなりません。そこに成立していく創造性には、「心的機因」すなわち心の遭遇できるチャンスが現実化していくプロセスとしての位置を見出すことができるでしょう。そのような知識・価値により「意図を備えた創造性は一つの理念を意識している心的被創造態へと帰着する」[23]、すなわち心の、ないし精神性を持った創造された作用性を形づくっていく、とすることができます。はじめにあった事実への帰還がこうして可能になるのです。そのような永続するベクトル情況をその進行の方向に解放する、情報解明を可能とする歩み行きが、ここに成立していきます。こうしてそれを人間存在の基軸とすることができれば、個々を縛っていた状況から解放され、そこに人間のより良き対等の存在が導き出され、そのようにして方途的裏付けを持って成立してゆくことが可能となり、人間福祉という表現を付与することのできる状況が成立してゆくことでしょう。

そのような歩み行きを内包する人間福祉の学とは、人間のより良き生存を、今そこに生きる人間の人格主体としての真の対等な存在を問い、その人たる可能性の相互的参与の中に開花していくあり方を求め、その営みの中に見出していく、そうした学問的かつ実践的行為の成立そのものと言えるでしょう。そうした努力の継続的営みは、人間の行為の次元で捉えると、まずは、**相互的生存が人間の可能性を発揮していく平等な条件設定のもとにあり、その平等性への道が堅固に実現されていくことを不可欠**とします。その前提的方向性の道の中で、人間を物化的対象化することのない科学的方途が問われ、試みが続けられていくのです。それによって、**人それぞれが主体への道に立つことのできる歩みを可能とする「潜在性の発揮と福祉」を目指すリカバリー（帰還）という行為への道が存立する**ことになるのです。その道は前述の哲学を土台に、またその与件たる宗教的方向性を土台に、それに連続する科学的結び付きを持って実現への営みがたどられることになります[24]。

その連続的な結びつきは、第一部に細やかに述べられた実践の具体の中に見事に表現されていると言えるでしょう。

科学においては、考察を進めるにあたり、対象となる状況ないし領域をできうる限り細かく捉え、その構成を分析し実態把握をしてゆくことが求められます。これに対し、哲学においては、対象領域をできうる限り全体的に捉え、その本質をつかみ取ろうとします。私たちは、科学によって分析された結果を全体思考によって見出された目途の実現のために利用していき、実践行為を続けていくことになります。これを推進していくにあたり、私たちはベクトル性、すなわち先の先に広がる進む方向にある目的性、その目的性に包み込まれるということをいつも心に保持してそれに包み込まれていく。これを前に使った言葉を用いると、「抱握」ということと理解していき、福祉行為に真向かっていくことが求められているのです。そうした基本的思考の中で、現在において科学とされる物化的対象化に執着するあり方に終始することなく、**前方への道筋を哲学に学びながら新たな科学的思考に活かす・考えに活用させていくことが必要**なのです。このようなプロセスを経て考えてゆくと、人間と人間との関係性が、目線を同じくした平等なありようを持つ姿を持って目に映じてくるようになっていきます。こうした心の態様を保っていく出来事としてのコトの連続をたどっていき、対等な関係性を持ってクライエントとワーカーが接し合うことになれば、困難を抱えた人が少しでも生きやすくなっていくのではないでしょうか。このようなあり方が普通になってゆくならば、ピアサポートすなわち仲間同士のサポートの形成が、大きくしかも普通のこととして可能になっていくことでしょう。そこには、社会福祉と呼ばれた狭い意味から人間福祉と言うことのできる広義の福祉への連続へと向かう希望の道が開かれていくことでしょう[25]。

8. 相互的人格主義の具体としてのピアサポート実践について

最後に、相互性のもとにあるピアサポートへの歩みをまとめておくことにします。

主体的相互性を心の内に抱き持ち、相互に主体性を保持していきながら人間

第Ⅴ章 "対等な関わり" "ピアサポート" へ

関係を築いてゆく。その関係性とは、クライエントを相手として対象化することなく、その人の人格そのものの作用性を受け止め、**それぞれの主体的融合の中で受容し合いながら人が相互に自らの可能性を発揮してゆくこと**、と言えるでしょう。新たな可能性への歩みという道程を前提にすると、**相互の行為の中に創造性を目指すあり方を位置づけてゆく**ことになります。その創造性において**共に生き合う人と人との相互支援**が形づくられてゆきます。そこにピアサポート（仲間同士の共なる人生の相互的支援）が形づくられてゆくことになるのです。ピアという言葉の意味は、対等な仲間同士を意味しますし、サポートはこの関係の中で支援し合うことを意味すると理解できるでしょう。この意味について、またその具体的実践については、第一部において十分に深く語られています。その方向を基底において、周辺部分の関連事項を問う作業を加えながら、その考え方を私たちは掘り下げてきたのです。そうした方向に添って、前方に進んでいくという目的性を前提にして「絶えず思考と実践を創造的に進める」ことができる方途としてピアサポートはある。そこには、相互的人格主義があると総括できる実践のあり方を見出すことができるのです。言い方を変えますと、福祉の困難な道をたどるプロセスを、前向きに次のステップが可能になるあり方を探りながら、**創造性に添って諦めることなく希望を持ち続け歩み続ける**というあり方です。その前方には永遠なる彼方に神の存在があるとしても、人間としてこの果てしなく続く道を歩み続けることに、**互いの尊重の中にある生き合うことの意味を見出す**ことができるのです。それは人間の人生の弛_{たゆ}まぬありのままにほかなりません。

注

1） 牛津信忠『社会福祉における相互的人格主義──人間の物象化からの離脱と真の主体化をめざして Ⅰ』久実出版、2008年、57頁。副題にも記しているように、本書には人間の物象化からの離脱と真の主体化を目指す福祉論を展開している。

注

シェーラーにおける「対象化」とは、自我における形態化して物質としてとらえうる領域全体に対応していると言える。これを私たちは「物化的対象」領域として把握する。

2）　同、62頁。

3）　アマルティア・セン『不平等の再検討――潜在能力と自由』池本幸生、野上裕生、佐藤仁訳、岩波書店、2018年。本書に記されているように、効用は平等との関連で多様な理解が必要である。特に効用の能率性を問う効率については総体的な配慮がないと不平等をもたらしてしまう。同、32-33頁。

4）　牛津『社会福祉における相互的人格主義　Ⅰ』、58-63頁。

5）　牛津信忠「自我論と人格主体論の現象学的再考　第Ⅲ部（2）」『聖学院大学論叢』第27巻第2号、2015年、124頁。

6）　同、116-117頁。以上のように、「この子らを世の光に」という言葉の中にある人間観を私たちは重視している。これはすべての福祉観に共通して流れる人間観の真髄である。

7）　同、117-118頁。

8）　プラトン『国家』第7巻内の「イデア論」における比喩的記述。プラトン『国家』改版（下）、藤沢令夫訳、岩波書店、2008年。

9）　Alfred North Whitehead, *Religion in the Making: Lowell lectures*, Cambridge University Press, 1926.　ホワイトヘッド『宗教とその形成』齋藤繁雄訳、ホワイトヘッド著作集第7巻、松籟社、1986年。

10）　同、5-6頁。

11）　Alfred North Whitehead, *Process and Reality: An essay in cosmology*, Cambridge University Press, 1929（Gifford lectures 1927-28）.　ホワイトヘッド『過程と実在（上）』山本誠作訳、ホワイトヘッド著作集第10巻、松籟社、1984年、49頁。

12）　同、52頁。

13）　以上は、牛津信忠「人間福祉学の科学的宗教へ向かう展開［第1部］――軸芯に位置づく福祉」『聖学院大学論叢』第33巻第1号2号合併、2021年、155-156頁。

14）　ホワイトヘッド『過程と実在（上）』、25頁。

第Ⅴ章 "対等な関わり" "ピアサポート"へ

15) 解題を加えておく。ホワイトヘッドに添って見ていくと、科学は「知覚対象それ自身と合理的志向を調和させる」ことに主眼を置く。つまり人間の知で捉えることのできる領域と物質的領域の志向性との関係性を調和させていこうとする。これに対し宗教は、「経験がそこから生起する知覚対象への感性的反応を合理的志向と調和させること」を核心とする、と言われる。言うなれば、経験の発生する起点への感じる力による反応と合理的に対応する志向性との調和を中心に物事の進み行きを見てゆこうとするところに異なりが見出される。ホワイトヘッドの著書においては、両者の違いがこのような異なりとして述べられているが、これは同一ベクトル性における反応上の違いにすぎない。同、25-26頁。

16) 同、26頁。加えて、ホワイトヘッドが宗教を一般的言説の中でどのように位置づけるかを問うことにする。彼は講演集『宗教とその形成』の中で次のように述べている。「宗教は……幸福や……快楽を越えたところに現実的でかつ推移的なものの機能がなお存在しているということ、すなわち、この機能がその性質を不滅の一事実として世界に告知を与える秩序に付与する」と位置づける。宗教は、このことの「直接的な理解である」とする（『宗教とその形成』、46頁）。彼は、それをその定義づけにおいて、次のように述べる。「宗教は内的諸部分を浄化する信仰の力である」、また「宗教は、人間そのものと、また事物の本性の永遠的なものとに依存する限り、人間の内面生活の技術ならびに理論である」、「宗教とは個人が彼自身の孤独性を取り扱うやり方である」ともいう（同、6、32頁）。そうしてさらに、人間の内面の本質領域に関わるさまざまな対応が宗教的作用として展開され、その深さと結び付く現実の価値世界と関連していくとされる。それがホワイトヘッドのいう「不滅の一事実」としての「性質」を持つ人間の諸相に対応する「合理的宗教」である。彼が説くのは、人間の関係性に視点を転じて理解していくと、そこにある本当の合理性、それがなければ人が生きてゆけない確信によって支えられて、きっと今のこの状態を乗り越えて前に進んで生きて行けるという強い思いを持ち、一つ一つの事柄に挑戦していくというあり方が求められる志向性がそこには存立している、そのことそのものがそこにはある。

17) そこにいわれる価値世界とは、「個人の自分自身に対する価値」「世界の様々な

個人の相互に対する価値」「客観的世界の価値」の広がりと言える。これら価値の「調整」は「領域としての世界」にまで広がっていく、とされる。『宗教とその形成』、32-33頁、および15頁。

18) 科学は、それに関わる形而上学を内に含みながら、「科学の一般的記述の実用的な価値」に対して人間が抱く信仰的対応の背後に自らを隠すことになる黙秘を許される。こうして「科学は素朴な信仰に安住できる」。これに対して、宗教はより積極的に明らかに説明されることが求められる。科学が現象の表面的な分析にとどまるのに対し、その底流にあり宗教的探究と深く関わる形而上学はさらにその根底領域を分析的に解明していこうとする。したがって、さらなる深さを持った合理性を求めていこうとする。このように捉えて、「信仰の時代は合理主義の時代である」と見なすのである。このホワイトヘッドの意味する合理主義に添って「包括」的「創造的過程」が形成されていく。同、48-49、および66頁。ここに言われる宗教は、ホワイトヘッドの「合理的宗教」として示されるものであろうが、これは「個別的なものから生じるが一般的なものにまでおよぶ」とされている。同、16頁。

19) ホワイトヘッド『過程と実在（上）』、145-146頁。ここにいう創造性により人間は自己の現在的存在性を超えることができ「主体性」へ進む。この道をわれわれは福祉への歩みと理解している。

20) 佐藤文隆『量子力学は世界を記述できるか』青土社、2011年。この書における「モノ」から「コト」に関する議論を参照している。

21) 「コト」を支える土台状況については、ベクトル性の流れとも関わるホワイトヘッドの議論において述べられる量子論における「現実的実在」（actual entity）にも触れねばならない。その解明の中で「モノ」から「コト」への広がりとなる基底論が提示される。詳しくは、上掲拙稿、「人間福祉学の科学的宗教へ向かう展開［第1部］」『聖学院大学論叢』第33巻第1号2号合併、143-148頁を参照のこと。

22) そうして流れは、ホワイトヘッドの理解に添うと、これは「創造的過程」とされ、移り行きは転化による「転移」していく価値の移り行きを内包する意図を備

えた創造と言える「出来事」として理解される。転移とはこう見てくると出来事の連続にほかならない。この「創造的過程」への「転移」によって現実的諸機因が「経験された価値の事例の……生誕に侵入する」。ホワイトヘッド『宗教とその形成』66頁、および、牛津信忠「人間福祉学の科学的宗教へ向かう展開[第2部]」、『聖学院大学論叢』第34巻第1号、2021年、4章2節における解題を参照されたい。

23) 『宗教とその形成』、70頁。

24) 以上は、同上拙稿「人間福祉学の科学的宗教へ向かう展開[第2部]」の議論を参照、特に100頁。

25) 現在、この狭義からの出発という原点となる福祉のあり方が極めて希薄化していると言わざるを得ない。あるいは、その狭義の福祉対応を保持する必要のある人ないし人々を対象化しそれにとどまり枠付けをしてしまっていることが多くなっている。そのため狭義から広義への連結性・連続性を形成することなく、問題状況への対応の遅れ、近視眼的対応、見て見ぬ振りが多発してしまっている。人間福祉はすべての人間における生きる上での困難を克服して、生きやすさ、および、可能性発揮の道程を形づくっていく。そのためには、生活のしづらさを抱く方々の生活状況からの道程を原点に考えていくことが必須となる。その実現のためには、前述した一人一人の人間の存在価値を重視し、その開花を求めていくことから福祉行動がなされてゆかねばならない。

あとがき

　2023年12月9日、出版会事務局の菊池美紀さんと柏木先生邸にて本書の打ち合わせをさせていただきました。先生は熱く「かかわり」について語られ、タイトルについても多くの提案をいただきました。すでに小さい字は見づらいということで、菊池さんがすべての原稿をＡ３に拡大して持参されていました。先生の校正の締切は2024年1月末で、1月28日に再び菊池さんと伺う約束をしていました。2023年12月30日に突然、ご家族からの訃報が届きました。2月に柏木先生邸に伺う機会があり、そこでご遺族が原稿を探してくださいましたら、きちんと赤で校正済みの原稿が出てきました。さすが柏木先生。

　私の執筆が大変遅くなり、柏木先生、牛津先生、そして出版会の菊池様、花岡様はじめ皆々様にはお詫びと感謝の言葉を尽くしても足りません。

　柏木先生のソーシャルワーク論と牛津先生の福祉哲学を、これからも社会福祉に興味を抱き、ソーシャルワーカーを目指す若者たちに伝え続けていきたいと思っています。そのために本書が少しでもお役に立てばこの上ない幸せです。

　本書を天国の柏木先生に捧げます

　　　　　　　　　　　　　　　　　　2024年12月　　　　　相川　章子

著者紹介

（肩書きは入稿時のものとなっています）

柏木　昭（かしわぎ　あきら）（1927-2023）

聖学院大学名誉教授、聖学院大学総合研究所名誉教授。公益社団法人日本精神保健福祉士協会名誉会長。聖学院大学人間福祉スーパービジョンセンター顧問。

1954年ボストン大学スクールオブソーシャルワーク卒業、1955～1987年国立精神衛生研究所、1964年 WHO 研究員として英国留学。同年日本精神医学ソーシャル・ワーカー協会初代理事長。淑徳大学、聖学院大学、聖学院大学大学院人間福祉学研究科教授等を経て、現在、同大学総合研究所名誉教授、同人間福祉スーパービジョンセンター顧問。日本デイケア学会理事長（2005～2008年）、前 NPO 法人けやき精神保健福祉会理事長（東京都杉並区）。

【主な著書】『ケースワーク入門』（川島書店）、『改訂　精神科デイ・ケア』（編著、岩崎学術出版社）、『新精神医学ソーシャル・ワーク』（編著、同）、『スーパービジョン——誌上事例検討を通して』（共著、日本精神保健福祉士協会・へるす出版）、『ソーシャルワーク　協働の思想——"クリネー"から"トポス"へ』（共著、へるす出版）、『みんなで参加し共につくる』（共著、聖学院大学出版会）、『「いま、ここで」のかかわり』（共著、同）、『ソーシャルワーカーを支える人間福祉スーパービジョン』（共編著、同）、『精神保健福祉士の専門性構築の経過とスーパービジョン』（共著、同）、『ソーシャルワーク・スーパービジョンの可能性』（共著、同）、ほか。

相川章子（あいかわ　あやこ）

精神保健福祉士。聖学院大学心理福祉学部心理福祉学科教授、聖学院大学人間福祉スーパービジョンセンター長。2025年４月より埼玉県立大学保健医療福祉学部社会福祉子ども学科教授。

淑徳大学大学院社会福祉学研究科社会福祉学専攻修士課程修

了、大正大学大学院人間学研究科福祉・臨床心理学専攻博士課程社会福祉コース修了。博士（人間学）。

国立精神・神経センター精神保健研究所、やどかりの里、都内保健所デイケアグループワーカー、精神障害者通所授産施設またたびの家PSW、地域生活支援センターMOTA（モタ）所長などを経て現職。

【主な著書】『精神障がいピアサポーター』（中央法規）、『〈社会福祉〉実践と研究への新たな挑戦』（共著、新泉社）、『かかわりの途上で──こころの伴走者、PSWが綴る19のショートストーリー』（共著、へるす出版）、『福祉の現場で役立つスーパービジョンの本──さらなる飛躍のための理論と実践例』（共著、河出書房新社）、『医療と福祉のインテグレーション』（共著、同）、『ソーシャルワーカーを支える人間福祉スーパービジョン』（分担執筆、聖学院大学出版会）、『精神保健福祉士の専門性構築の経過とスーパービジョン』（共著、同）、ほか。

牛津信忠（うしづ　のぶただ）

聖学院大学教授を経て、同大学名誉教授、元同大学人間福祉学部長、元同大学総合研究所心理福祉総合研究センター長、同大学人間福祉スーパービジョンセンター顧問。

1970年同志社大学大学院修士課程修了。1975～1976年ロンドン大学（LSE）M.SC.コース留学。2004～2005年ケンブリッジ大学客員研究員。博士（学術）聖学院大学。

【著書】『社会福祉における場の究明──共感的共同からトポスへ至る現象学的考察』（丸善プラネット）、『社会福祉における相互的人格主義──人間の物象化からの離脱と真の主体化をめざして』Ⅰ・Ⅱ（久美出版）、『社会福祉原論──豊かさと安心の人間福祉のために』および『地域福祉論──新たなパートナーシップの形成のために』（共編著、黎明書房）、『標準社会福祉用語事典』（共著、秀和システム）、『ソーシャルワーカーを支える人間福祉スーパービジョン』（分担執筆、聖学院大学出版会）、ほか。

【訳書】ロバート・ピンカー『社会福祉三つのモデル──福祉原理論の探究』（共訳、

著者紹介

黎明書房、Robert Pinker, *The Idea of Welfare*, Heinemann Educational, 1979)、OECD編『ケアリング・ワールド――福祉世界への挑戦』（共監訳、黎明書房、OECD, *A Caring World: The New Social Policy Agenda*, OECD, 1999)、ほか。

助川征雄（すけがわ　ゆきお）
聖学院大学名誉教授。聖学院大学人間福祉スーパービジョンセンター・スーパーバイザー。

聖学院大学総合研究所
人間福祉スーパービジョンセンター

背景と経緯

社会福祉の現場で、より良い実践を志すなか、日々、さまざまな戸惑いや、失敗、迷い、揺れに直面することは少なくないでしょう。適切なサポートがなく不安を抱えながら仕事を続ける人や、問題を一人で抱え込み孤立する人、対人援助の中で傷つく人など、夢と希望を抱いて就いた社会福祉の現場で、未来を描けなくなっている人もいるかもしれません。

現実において直面する、このような壁は越えられないものでしょうか。答えは、「NO」です。

ソーシャルワークには、その壁を乗り越え、燃え尽きを防ぐ方法の一つとして、スーパービジョンがあります。福祉の現場で働いている方々に対し、私たちスーパービジョンセンターはスーパービジョンの機会を提供しています。

スーパービジョンとは

スーパービジョンとは、スーパーバイジーの専門的な成長や発達を支援することを目的として行われるソーシャルワーカー同士の肯定的なかかわりです。

スーパーバイザー（熟練のソーシャルワーカー）は、スーパーバイジー（さらなる成長を目指すソーシャルワーカー）が、その能力を最大限に生かしてよりよい実践ができるように責任を持って支援を行います。

●———●———●———●———●———●———●———●———●———●

人間福祉スーパービジョンセンターでは、福祉の現場で働く方を次のプログラムで支援しています。

【1】　個別スーパービジョン

【2】　グループスーパービジョン

【3】　研修交流会（ピア・スーパービジョン）の開催（年2回程度）

【4】　スーパーバイザー支援制度

聖学院大学総合研究所　人間福祉スーパービジョンセンター
〒362-8585　上尾市戸崎1-1　● URL：https://www.seigresearch.jp/spv/
TEL：048-725-5524　●　e-mail：research@seigakuin-univ.ac.jp

〈人間福祉スーパービジョン研究　3〉

対等な"かかわり"そして"ピアサポート"へ

初版第 1 刷発行　2025 年 4 月 10 日

編　　者	聖学院大学人間福祉スーパービジョンセンター	
著　　者	柏　木　　　昭	
	相　川　章　子	
	牛　津　信　忠	
発 行 者	小　池　茂　子	
発 行 所	聖学院大学出版会	
	〒362-8585　埼玉県上尾市戸崎 1 - 1	
	Tel. 048-725-9801／Fax. 048-725-0324	
	E-mail: press@seigakuin-univ.ac.jp	
装　　丁	岸　　和泉	
印 刷 所	三松堂株式会社	

©2025 Seigakuin University Human Welfare Supervision Center
ISBN978-4-909891-19-8　C0336

◆◇◆　　聖学院大学出版会の本　　◆◇◆

〈人間福祉スーパービジョン研究〉シリーズ　　Ａ５判

人間福祉スーパービジョン研究１
精神保健福祉士の専門性構築の経過とスーパービジョン
聖学院大学人間福祉スーパービジョンセンター編
柏木　昭・大野和男・相川章子　著

ISBN978-4-909891-14-3　1800円（本体）

ソーシャルワークの専門性として、常に変化をしつづける社会を見据える視点（「人と状況の全体性」）とともに、その根底には、時代や状況にかかわらず不変である共につくる相互包括的関係性としての「かかわり」と「自己決定」がある。長年にわたり、その重要性を説き、実践してこられた柏木昭、大野和男両先生が、「Ｙ問題」に始まる専門性の構築過程と、そもそも「スーパービジョンとは何か」について語りかける。

人間福祉スーパービジョン研究２
ソーシャルワーク・スーパービジョンの可能性
聖学院大学人間福祉スーパービジョンセンター編
柏木　昭・田村綾子　著

ISBN978-4-909891-16-7　1800円（本体）

ソーシャルワーク・スーパービジョンの重要性を説き、精神保健福祉士の研修の場で実践してこられた柏木昭、田村綾子両先生から、スーパービジョンの効果をもたらす「ここで、今」のかかわりについて深く学べる一冊。かかわりにおける自己開示の重要性を、「わかったつもり」にならずに注意深く自己点検し続ける姿勢の大切さを柏木先生の言葉から受け取る。

〈福祉の役わり・福祉のこころ〉シリーズ　　Ａ５判ブックレット

福祉の役わり・福祉のこころ
阿部志郎　著

ISBN978-4-915832-78-9　【品切れ】
eBook　ISBN978-4-907113-69-8

横須賀基督教社会館元館長・神奈川県立保健福祉大学前学長、阿部志郎氏の講演「福祉の役わり・福祉のこころ」と対談「福祉の現場と専門性をめぐって」を収録。

福祉の理論や技術が発展する中で、ひとりの人間を大切にするという福祉の原点が見失われています。著者はやさしい語り口で、サービスの方向を考え直す、互酬を見直すなど、いま福祉が何をなさなければならないかを問いかけています。感性をみがき、「福祉の心と専門知識に裏打ちされた専門人」をめざしてほしいと。

福祉の役わり・福祉のこころ２
与えあうかかわりをめざして
阿部志郎・長谷川匡俊・濱野一郎　著

ISBN978-4-915832-87-1　600円（本体）

本書は、「福祉」の原義が「人間の幸福」であることから、人間にとってどのような人生がもっとも幸福で望ましいものか、またそのために福祉サービスはどのようにあるべきかを福祉に長年たずさわっている著者たちによって論じられたものです。

阿部志郎氏は、横須賀基督教社会館館長として「愛し愛される人生の中で」と題し、長谷川匡俊氏は、淑徳大学で宗教と福祉のかかわりを教育する立場から「福祉教育における宗教の役割」と題し、濱野一郎氏は、横浜寿町での福祉センターの現場から「横浜市寿町からの発信」と題して、「福祉とは何か」を語りかけます。

福祉の役わり・福祉のこころ3
とことんつきあう関係力をもとに
岩尾　貢・平山正実 著

　　　　　　　　　　　　　　　　ISBN978-4-915832-89-5　600円（本体）

日本認知症グループホーム協会副代表理事であり、指定介護老人福祉施設サンライフたきの里施設長である岩尾貢氏による「認知症高齢者のケア」、北千住旭クリニック精神科医であり、聖学院大学総合研究所・大学院教授の平山正実氏による「精神科医療におけるチームワーク」を収録。福祉の実践における人へのまなざしとはどのようなものであるべきか。人間の尊厳、一人一人の生きがいが尊重される実践となるよう、共に暮らす人として相互主体的にかかわることに、最も専門性が要求されることが語られています。

福祉の役わり・福祉のこころ4
みんなで参加し共につくる
岸川洋治・柏木　昭 著

　　　　　　　　　　　　　　　　ISBN978-4-915832-92-5　700円（本体）

福祉の実践が「人間の尊厳、一人一人の生きがいが尊重される実践」となるためには、社会福祉にたずさわる者は、これからは新しいコミュニティの創造に取り組むべきなのではないでしょうか。横須賀基督教社会館館長の岸川洋治氏は「住民の力とコミュニティの形成」と題して、社会館の田浦の町におけるコミュニティセンターとしての意義を、日本の精神保健福祉に長年尽力し、聖学院大学総合研究所名誉教授・人間福祉スーパービジョンセンター顧問でもある柏木昭氏は「特別講義　私とソーシャルワーク」の中で、ソーシャルワークにかかわる自らの姿勢と、地域における「トポスの創出」とクライエントとの協働について語っています。

福祉の役わり・福祉のこころ5
生きがいを感じて生きる
日野原重明 著

ISBN978-4-915832-99-4　700円（本体）

101歳になっても生き生きと"生涯現役"を続ける日野原先生！　何が元気の秘訣なのでしょうか？　毎日を「生きがいを感じて生きる」ことこそが答えです。
前半の「なぜホスピスが必要か」は、2008年11月7日の講演をもとに、後半の「いのちの教育」は、2012年5月17日の講演をもとにまとめられています。本書には、自分の人生をしっかりと受け止め、人生を後悔しないための、また、世界の平和を築く人になるための人生の手本、模範が日野原重明先生によって示されています。多くの若者に自分の人生を考える刺激を与え、大人にも、自分自身の人生を振り返りながら、残された人生をどのように生きるかを考える機会を与える内容となっています。

福祉の役わり・福祉のこころ6
「いま、ここで」のかかわり
石川到覚、柏木　昭 著

ISBN978-4-907113-01-8　700円（本体）

石川到覚氏の「宗教と福祉」には、仏教における人間観、仏教福祉の援助にかかわる実践理念と仏教ソーシャルワークの再構築への試みが語られており、柏木昭氏の「特別講義　人間福祉スーパービジョン」は、40年以上にわたるグループスーパービジョンの継続・実践の経験に裏打ちされた内容。一見、異なる考察のように感じられますが、両者とも福祉における「いま、ここで」のかかわりについての考察です。共感から出発して寄り添い、協働していく福祉の姿勢が求められています。

ソーシャルワーカーを支える人間福祉スーパービジョン
柏木　昭・中村磐男 編著

ISBN978-4-915832-97-0　2800円（本体）

高齢化とそれに伴う医療需要の増加により、保健・医療・福祉の連携が要請され、地域包括支援センター、病院の地域医療連携室、さらに退院支援、在宅医療、在宅介護などを例にとっても、ソーシャルワーカーへの期待は高まっています。本書は「スーパービジョン」および「スーパーバイザーの養成」の重要性を明らかにし、ソーシャルワーカーを支援しようとするものです。

第Ⅰ章　総説——人間福祉スーパービジョンとは何か
第Ⅱ章　スーパービジョンの意義と目的
第Ⅲ章　スーパービジョンの内容
第Ⅳ章　スーパービジョンの方法
第Ⅴ章　ピアグループの効用および課題
第Ⅵ章　チームワークとスーパービジョン
第Ⅶ章　ソーシャルワークの現状と課題
第Ⅷ章　聖学院大学人間福祉スーパービジョンセンターにおける実践
第Ⅸ章　聖学院大学人間福祉スーパービジョンセンター——現状と課題